本书系教育部人文社会科学研究青年基金项目“生命教育融入高校思想政治理论课程结构的理论与实践研究”（15YJC710025）阶段性研究成果

生命教育
融入高校思想政治理论课程结构的
理论与实践

李金桥◎著

湘潭大学出版社

前　言

意大利教育家蒙台梭利深刻指出，教育的目的在于帮助生命力的正常发展，教育就是助长生命力发展的一切作为。印度著名哲学家和诗人泰戈尔认为，教育的目的应该是向人类传递生命的气息。可见，教育是基于生命的事业，是发展生命、完善生命、并最终使得个体生命实现自我价值、社会价值和获得幸福人生的伟大事业。

教育的根本出发点和落脚点是人的思想实际和人的发展需要，高校思想政治理论课程的目的是培养德智体美劳全面发展的社会主义建设者和接班人，帮助学生树立正确的世界观、人生观、价值观，它追求的目标是促进每一个生命个体自由而全面地发展。因此，如何既要促进学生的全面发展，又要尊重学生的个性发展；既要保持学生学习成绩的不断提高，又要促进学生身心健康的快乐成长，这是需要我们深刻思考并着力突破的关键点。目前，我国的思想政治教育主要问题是教师在课堂上融入的情感和人生体验不够深入，无法引起学生的情感共鸣，不能真正走进学生的内心世界。若将生命教育融入高校思想政治理论课程中，不仅能够为学生的成长提供正确认知生命科学的思想方法，而且对于加强道德修养和人格培养具有一定助推作用。作为高校思想政治教育的主渠道，思想政治理论课的价值不仅仅是用马克思主义理论武装学生的头脑，更重要的是关注学生的身心健康与生命质量，从而帮助其全面发展，实现人生价值。

立德树人是教育的根本任务和思想政治工作的中心环节。思想政治理论课的教育与大学生生命的教育是实现立德树人的两大重要载体。思想政治理论课作为高校思想政治教育的主渠道，它的功能不仅仅在于马克思主义理论的传播，更重要的在于引导青年大学生构建生命本真意义的价值，指引他们在现代社会中“安身立命”，从而能正确地去解读生命的意义，实现自我生命的价值，充分体现对生命个体的关怀。生命教育是培养人的生命意识、生命理想、生命境界的教育活动，它与高校思想政治理论课在本质上是一致的，都是为了塑造人和发展人。在高校思想政治理论课程中，将生命教育理念融入课堂教学有助于提高思想政治理论课程的教学效果，培养学生正确的生命意识和正向的生命追求。

生命是人类一切活动的基础，通过生命教育能够引导学生更加关注生命的价值，自觉地热爱生命、尊重生命。而生命教育与思想政治理论教育有着密切的联系，生命教育充分体现出对生命的关爱，对生命质量的关注；思想政治理论教育同样是以学生为本，帮助学生树立正确的世界观、人生观、价值观。因此，在高校思想政治理论课程中渗透生命教育，能够进一步达到完善学生发展、提升学生生活状态的目的，让整个教学活动更加富有生命意义。

本研究是建立在生命教育研究和高校思想政治理论课程改革的基础之上，以“生命教育”和“思想政治教育”为研究对象，综合运用马克思主义哲学、教育学、管理学、心理学等相关学科的理论，采用文献研究、归纳演绎、比较分析、理论联系实际等相结合的方法，对“生命教育融入高校思想政治理论课程结构”的内涵与外延、必要性和重要性、方法和途径等方面进行深入研究，努力构建基于生命教育理念的高校思想政治理论课程的生命化教学模式。首先，通过文献研究，本书在前期课题研究成果的基础上，归纳演绎高校思想政治理论课程的生命化教学的概念，分析生命教育理念融入高校思想政治理论课程教学体系的本质、内涵和特性。然后，通过理论联系实际的方法，逐步论证分析生命教育理念融入高校思想政治理论课程教学体系的必要性、重要性、途径和实践方法。最后，根据研究的结果，本书拟对“基于生命教育理念融入高校思想政治理论课程的生命化教学模式”作具体深入的研究，力求在理论上为高校思想政治理论课程教学改革创新提供理论支撑，在实践中让高校思想政治理论课堂教学焕发出生命活力，进一步提高高校思想政治理论课堂教学的实效性和针对性。

目　录

第一章　绪论

大学生是民族的希望，是祖国的未来。大学生思想政治教育作为一种具有前瞻性特质的教育，应始终把握时代的脉搏和社会的发展动态，并时刻关注生命议题。2010 年，党中央、国务院颁布了《国家中长期教育改革和发展规划纲要（2010—2020 年）》，提出要“重视安全教育、生命教育、国防教育、可持续发展教育”，“教育学生学会知识技能，学会动手动脑，学会生存生活，学会做人做事，促进学生主动适应社会，开创美好未来”。[①] 这是生命教育首次被写入国家教育发展的纲领性文件，为生命教育的深入开展提供了制度和政策的支持。高校通过开设思想政治理论课程，可以帮助大学生树立正确的政治理念，提高思想的道德修养，尊重国家的法律法规，规范自己的行为举止。将生命教育融入高校思想政治理论

① 国家中长期教育改革和发展规划纲要工作小组办公室．《国家中长期教育改革和发展规划纲要（2010—2020 年）》［R］．北京：中华人民共和国教育部，2010.

课程，有利于拓展生命场域，发挥大学生思想政治教育应有的导向价值。

第一节　研究的价值

思想政治理论课作为高校思想政治教育的主渠道，它的功能不仅仅在于马克思主义理论的灌输，也在于引导青年大学生构建生命本真意义的价值，指引他们在现代社会“安身立命”，从而能正确地去解读生命的意义，实现自我生命的价值，充分体现对生命个体的关怀。从教育的一般规律来看，高校思想政治理论教育要定位于生命视阈，通过对受教育者生命价值的关注、人性的完善以及生命发展的理性关照，真正实现返璞归真，从而促进生命个体的全面自由发展。在高校思想政治理论课程中融入生命教育，填补“生命空场”现象，拓宽生命场域，既是贯彻以人为本的教育理念，也是促使思想政治教育焕发生机的时代抉择。①

一、理论价值

人的生命是有限的，但又存在着的无限的可能性。一个人自出生伊始就被自然赋予了生命，人的一生虽然只有短短的几

① 尤红姣．生命教育融入高校思想政治理论课研究［D］．无锡：江南大学硕士学位论文，2016.

十年，但如何在有限的生命中实现人生的意义是值得我们去深入思考和探究的问题。而生命教育这一课题的提出，不仅是素质教育的重要内容，也是大学生思想政治教育工作中的重要组成部分。其目的是要通过对生命的教育教会大学生去理性对待生命，学会感恩与宽容，在生命的有限时间里创造更多的人生价值，实现生命存在的意义，拥有幸福的人生。

（1）有利于树立高校思想政治理论课程的生命化教学理念。思想政治理论教育与生命教育在教育理念上具有一致性。思想政治生命化教育是立足于生命视野对思想政治教育的一种重新认识和理解。它以生命为思想政治教育的基点，认为思想政治教育就是要遵循生命的特性，不断地为生命的成长创造条件，促进生命的完善，提升生命的价值。高校思想政治理论课程的生命化教学理念是思想政治生命化教育理念的具体实践。

（2）有利于丰富思想政治教育课程体系。随着时代的发展，生命教育已然成为思想政治理论教育重要的一部分。在高校思想政治理论课程中融入生命教育，将生命教育的相关理念、内容、路径融入思想政治理论教育课程体系中，在一定程度上拓展思想政治理论教育课程体系的内容，也为高校思想政治教育注入新的时代内涵。

（3）有利于体现高校思想政治教育的基本价值追求。思想政治教育与生命教育之间在基本目标与本质内容上是高度统一的。真正树立起生命教育的基本理念，实现对于生命之本体的逐步回归，并在此基础上认识和解读生命的本真意义，是生命教育的根本宗旨，也是当前我国高校思想政治教育的基本价值追求。

(4) 有利于高校思想政治理论教育的生命价值诉求进"头脑"。思想政治教育、生命教育在教育本质上是一致的，都注重生命是教育得以开展的有效载体和前提保障。为此，找到二者的内在关联，让关怀生命的生命教育理念贯穿于教育教学的全程，让思想政治理论教育的生命价值诉求进"头脑"，就成了高校思想政治教育的应有之义。

二、实践价值

生命教育旨在帮助大学生认识生命的意义，懂得生命的价值，提高生活质量。对每个人的生命进行教育，让他们了解生命中所蕴含的规律，尊重生命，并建立整个生命教育在个体生命的主导地位。生命教育，鼓励学生珍惜和热爱生活，更重要的是敬畏生命，让参与教育的大学生在此过程中实现生命的觉醒以及对自我的不断认识。这样就能很好地对传统教育的局限性进行补充，正确的生命教育理念可以使大学生更加理解生命的意义，进而有助于整个人类体系形成良好的认识，并且科学的看待人和人之间、人和社会以及自然之间的相互关系，最终促进生命之间的和谐相处。

(1) 有利于增强大学生生命意识，实现生命的价值。2004 年，中共中央、国务院发布了《中共中央、国务院关于进一步加强和改进大学生思想政治教育的意见》(中发〔2004〕16 号)，以加强大学生的理想信念教育、道德教育和心理健康教育。随着理论研究的深入，人们逐渐看到现实的本质问题是部分大学生生命意识薄弱和生命价值取向迷失，加强大学生生命意识教育的呼声日益增强。生命意识是个体对生命的一种自觉，是个体为了适应自身生存和发展的需要而形成的对于生命本体和生命价值的认知和感悟。生命教育不仅能够促进大学生正确地认识自我，还能引导其正确地对待生活中的挫折与困难，甚至是死亡。树立正确的生命意识，理解生命的意义与价值，珍爱生命、尊重生命、敬畏生命，自觉提升对生命价值的认识，有利于大学生自我生命价值的实现。

（2）有利于当前高校思想政治理论课程教育教学的改革创新。随着教育改革的不断深入，以促进学生全面发展、提高学生成长质量为主题的生命教育越来越受到人们的关注。生命教育是以人的全面发展为目的，其与高校思想政治理论课程中的以人为本的教育理念是一致的。因此，在高校思想政治理论课程教学中实施生命教育，既是进行生命教育的有效途径，也是完善高校思想政治理论课程的必然要求，有利于当前高校思想政治教育教学改革的创新。

（3）有利于进一步拓宽高校思想政治教育工作的研究领域，推动高校思想政治理论课程教学理念的转变和教学方法的改进。生命教育的提出在一定意义上能改变教育的工具性和功利性指向，使教育真正面向学生生活、面向学生的人生。高校思想政治理论课是学校实施生命教育的主阵地，研究高校思想政治理论课程教学中的生命教育理念，有利于高校生命教育的顺利实施，提高高校教育的人文性和时代性。

（4）有利于提高高校思想政治理论课程教学的实效性。

高校思想政治理论课在高等教育中占据十分重要的地位。在思想政治理论课程教学过程中，由于过于重视理论的灌输，相对忽视了大学生身心成长的规律和接受能力，使思想政治理论课程的教学相对缺少实效性。因此，研究高校思想政治理论课程教学中的生命教育，借鉴生命教育的相关理念，有利于提高高校思想政治理论课程教学的实效性，促进大学生的全面发展，帮助大学生坚定理想信念，树立正确世界观、人生观、价值观。生命教育融入高校思想政治理论课程的教学课堂，不仅仅是在于向学生传播马克思主义理论思想，更重要的是为学生提供精神关怀，进而实现人生的价值，肩负着帮助大学生完善综合素质、提升人格、激发生命激情和创造力的职责。

总之，生命教育既是一种作为教育内容的教育实践活动，也是一种作为价值追求的教育实践活动。[①] 我们应当在全面把握生命教育内涵的基础上，正确认识高校思想政治理论教育与生命教育的关系，以发挥高校思想政治理论教育在高校生命教育实践中的主导作用，并借鉴生命教育思想，确立以生命为中心的教育观，突出人的生命在教育中的目的性、整体性和实践性，以促进高校思想政治理论教育的目标、内容和方法的进一步发展。

---

① 沈廷川. 论生命教育视域下的高校思想政治理论课教育［J］. 世纪桥，2014（7）.

第二节 国内外研究的现状

一、生命教育的研究现状

（一）国外研究现状

西方学者关于生命、生命价值以及生命意义等的追问和思考由来已久，其主要反映在西方哲学史的演变过程中。西方国家已经形成了较为完善的生命教育思想和实践体系，西方学者对于生命的探究和思考为我们树立了正确的生命价值取向，其生命教育理念为我们奠定了丰富的理论基石。

1. 古希腊哲学中的生命教育思想

在古希腊罗马时期，大多数哲学家认为人的生命分为肉体和灵魂两部分，强调要不断完善人的精神生命。“真正的哲学家的灵魂在死亡时完成了从身体的拴结中解放出来的过程”①，对于哲学家来说，其生存体验的目的就是要不断思考和领悟死亡，从而超越对于死亡的恐惧。古希腊哲学家认为对个体生命有限性的自觉是一个人能够获得生命永恒的前提，对于死亡的先行思考与领悟也使得现世的德性生活得到足够的保障，这具

① ［英］戴维·梅林著，喻阳译．理解柏拉图［M］．沈阳：辽宁教育出版社，2000.

有一种典型的人格示范与教化意义。古希腊特别重视生命情感教育，并且强调对人的尊重和理解，关注生命和生活，通过教育发展人的精神世界，追求心灵的德性和理性发展，使得个体生命变得更加完整和幸福。

2. 近代西方哲学中的生命教育思想

文艺复兴结束了黑暗的中世纪，人的生命、自由、尊严得到了亘古未有的关注和重视，充分肯定了人的价值，哲人们积极进取和思辨的生命价值观启发了世人如何生存和思考人生的价值。康德认为，灵魂不死，并没有逻辑的确定性，但却有道德的确定性与必要性，他主张人应该积极生活，生命本身有其存在的意义和价值，要珍惜生命。黑格尔认为，生命是主观和客观的统一，是扬弃异化和对立的过程，通过这种思辨的过程不断提升生命的内涵和意义。西方哲学家主张人是理性的动物，在生命发展历程中不断摆脱感性欲望的束缚，使生命更加富有高级趣味和道德意蕴。区别于古希腊时期对生命肤浅的认知，这一时期哲学家们对于生命的认知更加理性和思辨。近代生命教育思想强调对于生命主体的关注，实施自然化的人性教育，教育不能泯灭人的自然性，要尊重个体的尊严、才能和自由。

3. 现代西方哲学中的生命教育思想

尼采强调应该从人的生命活动的创造性以及自我实现的本质性活动去理解人的生存，在此意义上来讲，人的生存是超越一般生命体的自我创造并自我实现的、充满价值和意义的生命活动。海德格尔则突破了传统对于生存与死亡、实有与虚无的理解和阐述，提出“向死而生”的理论。他认为死亡作为一种可能性内在于人的生存活动之中，只有意识自己的死亡时，人才能从沉沦、操持劳累的非本真的状态中解脱，并真正担当起生存的责任①。因此，教育的根本任务是关注生命主体并引导学生关注自我实现。生命哲学在阐述人的生命活动当中，着重强调人的情感、态度以及与此相关的人的生命意志、文化等，试图“找回失落的精神世界”，使人成为真正的人②。总之，现代西方哲学中的生命教育思想强调要赋予生命以精神活力，超越个体生命单纯的生存状态，使得个体的自我创造性与内在精神要求相一致，努力在黑格尔式的辩证法中去发掘或注入一种精神活力。

西方国家的生命哲学思想将生命的自由精神作为其核心理念，更加注重对人生命的关注，强调在尊重自然生命的基础之上进行自我超越，满足人的生命需要，将教育的过程变成生命的自我实现和自我升华的过程。这些生命教育思想为后世树立正确的生命价值取向以及生命教育奠定了丰富的理论基石，也为我国生命教育的发展和完善提供了借鉴。

（二）国内研究现状

1．中国传统哲学中的生命教育思想

牟宗三先生认为传统的学问当以儒释道三家思想为主，认

---

① 陈嘉映．海德格尔哲学概论［M］．北京：三联书店，1995．

② 叶华松．生命哲学视野下的大学生生命教育研究［J］．中国高教研究，2011（05）．

为三家都可称之为“生命的学问”①。在我国几千年历史文化长河中，蕴含着丰富的生命智慧，其中影响较为深远的主要是儒家的“入世”生命哲学、道家的“隐世”生命哲学、佛家的“出世”生命哲学，从三者的本质来说，其核心即如何理解生命的意蕴并安于世。

儒家“入世”的生命教育思想。儒家崇尚由“生”观“死”，“死”之价值由“生”而定。儒家理想的处世之方在于“修身齐家治国平天下”，倡导“乐天知命”，达到“内圣外王”的理想境界。儒家认为生死之“命”，并不能随着人的意志而改变，但人活于世，可体悟和践履人伦道德，从而在生命活动中进行道德修养的提升，使人在死亡将至之时完成道德的使命而无所遗憾和牵挂。儒家将人的本性视为“仁”，也即道德之义，认为道德乃人的天命之性，人活于世的意义在于努力实现道德，生命个体要不遗余力的于人世间承担“仁民爱物”的使命。儒家学者认为凡是志士仁人，都应勇于达到崇高的道德境界，并且通过“立功、立德、立言”来超越生死，流芳百世，达到精神的永垂不朽。因此，儒家修仁行义，达成道德使命，坦然看待生死。

道家“隐世”的生命教育思想。道家重自然，主“无为而治”，倡导“安之若命”，其基本主张在于领悟生命之本质，超越世俗，豁达坦然看待生死和外物。生命是根本，人在尊重自我生命的同时也要尊重和珍惜他人生命。“齐万物，一生

① 张岱年. 中国哲学大纲［M］. 北京：中国社会科学出版社，1982.

死”，道家认为命是“自然的必然性”，面对生死时应顺其自然[①]。于道家而言，人们不能囿于生理生命来看待生死，应置于整个社会及自然的立场反观生死存亡，生命个体应超越功名利禄、富贵贫贱，消除对外物的羁绊和牵挂。

佛家“出世”的生命教育思想。中国佛学将人的死亡意识层次的升迁及生死轮回的解脱基于道德主体对人生和世界的省悟上[②]。佛家所谓“自度度人，普度众生”，即小乘佛法，大乘佛教。小乘佛法即“自觉”，追求的是一种自我超脱的境界；大乘佛教即“觉他”，普度众生，教人以责任感和社会使命感。佛家真正的信仰在于超越生死和缘起，达到“常、乐、我、净”的境界，使得芸芸众生能够脱离苦海。佛家所谓生死之道亦即实现死生无惧的达观境界，其生死智慧教人缓解对于未来的迷惑、对人生的无意义感和无价值感的精神焦虑，表现在对于生命灵性的照顾，超越自我与现实，探寻生命之本质，获得心性的解放和自由。

从中国古代儒道佛三家的生命教育思想来看，不仅要尊重自然生命，更要注重道德的修养、灵魂的升华、精神的提升，达到一种“死而不亡”及“不朽”的生死智慧。儒道佛三家都比较注重个体生命的社会和伦理意义，基于个人与社会的普遍性联系看待个体生命意义。个人生命是有限的，要将“小我”生命的有限性投入“大我”生命的无限性中，实现自我

---

① 徐春林，黄艳红．生命哲学与生命教育［J］．思想理论教育，2007(02)．

② 段德智．西方死亡哲学［M］．北京：北京大学出版社，2006．

的生命价值。

2. 关于国内生命教育的理论研究

生命问题，始终是贯穿人类历史发展长河的本质问题。随着时代的发展，以人为本的理念也逐渐成为国人的共识，学界亦肯定和探索关乎人的生命实存、生命价值等理论。20 世纪 90 年代起，学者们从不同的角度开展了对于生命教育的理论研究，大致可以分为四种观点：

以叶澜、李振涛为主要倡导者的“生命实践教育”观点。该观点认为，教育是一项逐渐发展和完善人生命价值的社会实践活动，能够创造生命意义和提升生命价值的基础性活动。在生命教育活动中，尊重生命个体，认知生命个体具有自然性、精神性、社会性和价值性等特质，生命的各属性又相互影响和渗透到生命个体之中。因此，生命教育以主张交往性的生命实践活动为基本特征，从传统教育“认知体”转变到“生命交往体”，在这种互动生成的生命实践中促使教育双方都能感受到生命的魅力和价值。生命个体积极投入生命的社会实践活动，是人的社会性本质的生动体现①。

以张文质为主要倡导者的“生命化教育”观点。该观点认为，生命教育当以生命为统摄，也可称之为“生命的在场”②。生命化教育目标指向培养富有个性的生命个体，主张

① 叶澜. 回归突破：“生命·实践”教育学论纲［M］. 上海：华东师范大学出版社，2015.

② 张文质. 生命化教育的责任与梦想［M］. 上海：华东师范大学出版社，2006.

善待所有生命，加强人文关怀。除了教育学生懂得如何生存之外，还要引导学生积极超越自然生命和拓展精神生命，肯定生命的意义。生命作为独立的个体，其个体生命与群体生命是一种和而不同的生命状态，要努力成全个体的生命价值目标，寄意于通过生命化教育实现个体诗意的生活。

以刘惠为主要倡导者的“生命道德教育”观点。该观点认为，人是一种矛盾的双重生命体，处于一种自然生命与精神生命时刻缠绕的生命状态，因此需要用道德来促进和完善生命的自由全面发展。道德是对生命个体自我实现的超越，生命道德教育的根本目的是促进个体生命与集体生命、自然生命与精神生命达到特殊性与矛盾性的统一，是超越二元对立的教育。在生命道德教育活动中，善待每个个体并且积极探讨生命实存，强调生命的精神层面和价值层面，引导学生树立正确的人生目标，实现生命个体价值和意义。

以刘济良为主要倡导者的“生命教育”观点。该观点认为由于技术的僭越、工具理性的膨胀等原因，当代教育在某种程度上会造成个体生命的异化，时代发展呼唤生命教育，以保持生命的真实性，引导学生进行自我创造。生命教育的价值取向应包括：首先要引导学生珍惜生命，拥有强烈的生命意识，认知生命之宝贵；然后提升人格并培养学生的自我发展能力，完善自我；最后实现生命的超越，进行自我升华和自我创造。

上述生命教育的四种观点都认同生命对于生命教育的基础性意义和价值，在尊重自然生命的基础上，应努力实现生命的超越。事实上，人生命的全过程就是由一次次的生命活动所组成的。一次次生命活动的质量决定人生命全过程的质量，重视每一次生命活动的质量就是重视生命全过程的质量。而教育就是对学生的每一次生命活动进行关怀，学习过程就是一种享受生命的过程，这种关怀是社会价值、个人价值和教育自身发展价值在“生命活动”实践中的统一。在此教育实践中，教师的价值将得到实现，生命的质量也将得以提升。

二、思想政治理论课程的研究现状

西方高校没有专门的思想政治理论课程。对于国内学者关于思想政治课程的论述，归纳了以下两点：

（一）加强思想政治教育学科建设与课程建设有机衔接

金德楠认为：学科建设与课程建设本质上是一种相辅相成、互动共生的关系。探讨思想政治教育学科建设与课程建设的关系，不仅要厘定“学科”与“课程”两个基础概念的内涵与外延，还要明确“学科”与“课程”的联系与区别。明晰学科与课程的概念意涵是探讨思想政治教育学科建设与课程建设衔接关系的理论基础[①]。理清学科与课程的相互关系是推演思想政治教育学科建设与课程建设内在联系的前提条件。思想政治教育学科建设与课程建设本质上是一种相辅相成、彼此

① 金德楠. 加强思想政治教育学科建设与课程建设有机衔接［J］. 思想政治教育研究，2018（03）.

渗透与相互参照的共生关系。金德楠提出了完善思想政治教育学科建设与课程建设的衔接机制。夯实理论深化机制，打牢思想政治教育学科建设与课程建设有机衔接的科学基础，学科与课程的衔接与断续，既与其研究方法有关，又与其理论基础有关。

恩格斯曾指出："一个民族要想站在科学的最高峰，就一刻也不能没有理论思维。"深化理论研究，是加强思想政治教育学科建设与课程建设有机衔接的核心领域，也是实现思想政治教育学科、专业与课程一体化建设的关键环节。当前，在理论层面上加强思想政治教育学科建设与课程建设有机衔接，最主要的是化解学科理论迅速拓展与课程理论跟进缓慢的矛盾。明确政策引导机制，完善思想政治教育学科建设与课程建设有机衔接的顶层设计。思想政治教育作为国家意识形态教育的基本形式，既具有浓厚的理论性，又具有鲜明的政治性。思想政治教育学科建设和课程建设都离不开政治因素的参与，离不开党、国家和教育行政部门的政策引导。

强化实践沟通机制，抓住思想政治教育学科建设与课程建设有机衔接的关键环节，思想政治教育学科建设与课程建设具有鲜明的实践性特征，两者之间的有机衔接从本质上讲是一个在实践基础上同向同行的动态发展过程。我们知道，学科是按照一定分类标准对各领域文化知识进行重构的产物，其重构目的是便于进行更加有效地研究、交流和传承，而课程一般按照学科的内在逻辑展开，其往往能够将复杂纷繁的学科知识以系统化和简约化的理论形式传承给学习者，两者共同承担着传承价值、思想和文化的作用。为此，课程建设和学科建设应共同回归于研究者和学习者的生活世界，在实践中促进学科建设与课程建设相互构建。同时，思想政治教育作为一个理论性较强的学科，其所承载的理论知识和价值理念，应与受教育者的生活经验相连接，并在受教育者的生活实践中实现。构建资源调配机制，形成思想政治教育学科建设与课程建设有机衔接的促动合力。思想政治教育作为一种复杂的、综合的社会现象，其学科建设与课程建设状况，既受到其内部因素的相互作用，又受到来自其外部因素的制约和影响。因此，构建思想政治教育学科建设与课程建设有机衔接的资源调配机制，既要注重内部资源的流动，又要凸显外部资源的整合。

（二）加强大学生思想政治教育特色课程建设

韦广雄认为，特色课程之“特”在于课程资源、课程实施和课程研究有其独特性。大学生思想政治教育特色课程以其“教学资源丰富”“教学环境优越”“教学特色鲜明”“学生兴趣浓厚”和“极富针对性”，该课程所使用的资源具有学校特色和地域特色，是紧密结合学校精神和地方资源而开发出来的新课程。任何一类课程都需要以一定的课程资源为前提，特色课程也不例外，它的课程资源主要应具有以下要求：一是反映该学校精神的特点。因为一方面它是学校精神的延续，是学校多年来形成的“神韵”在人才培养和课程设计上的体现。另一方面是进一步对学校精神的彰显，是用来固化学校精神的新课程。二是具有地域特色。每一个区域在其发展的历史进程中，都沉淀着一批有地方特点的自然资源、社会生产生活方式和文化传统。特色课程的课程资源必然是这些特殊要素的发掘和利用，是只有处于这些地域的高校能使用的一类课程资源。①

大学生思想政治教育是高校人才培养的重要任务，事关高校人才培养的质量和中国特色社会主义事业的可持续发展。当前，高校在开展大学生思想政治教育中探索了很多方式。其中，开设大学生思想政治教育特色课程是其中的重要形式。

1. 对开展大学生思想政治教育特色课程认识不充分

传统大学生思想政治教育一般由三个模块组成：一是思想政治理论课模块，这是高校大学生思想政治教育的主渠道。这一模块的课程设计是由中共中央宣传部、教育部统一确定的，在全国所有高校开始，属于国定课程。二是大学生日常思想政治教育模块，它是高校各支队伍，尤其是学生工作队伍，在学生日常管理和服务中，开展的思想政治教育。三是社会实践模块，主要是通过组织学生参与各种社会实践，让学生在有主题的实践活动中接受教育和熏陶。思想政治教育特色课程应成为其中的重要模块，在大学生社会实践教育中，应融入许多地方特色文化和思想政治教育，通过专门开设特色课程进行思想政治理论的教育。因此，大学生思想政治教育特色课程应列入学校的重点特色课程建设中。

2. 大学生思想政治教育特色课程多元化不足

如果从大思政的角度看，目前在一些地方高校已经开设的

① 韦广雄，韦少雄. 大学生思想政治教育特色课程建设刍议 [J]. 河池学院学报，2014 (08).

大学生思想政治教育特色课程有心理健康教育、文明礼仪教育、安全教育等课程。这些课程一般作为公选课，要求学生学习。而像延安大学开设的“延安精神概论”“党中央在延安十三年”“陕甘宁边区著名党史人物研究”等课程，百色学院开设的“百色起义光照千秋”、河池学院开设的“村民自治在广西”、赣南师范学院开设的“中央苏区历史大讲坛”等具有鲜明地域特点和革命精神的特色课程多元化相对较少，还可以持续深入挖掘。因此，大学生思想政治教育特色课程的“特”在很多高校还未得到完美的体现，真正地方特有资源建设的思想政治教育特色课程的还有待挖掘。

3. 对大学生思想政治教育特色课程资源研究不足

从近几年的情况看，高校结合地方特色资源开展的研究项目不断增加，但是很多项目的研究还是纯学理的，注重其某一种特性的研究，真正把这些资源蕴含的思想政治教育要素挖掘出来，为大学生思想政治教育特色课程建设服务的研究并不是很多。以思想政治教育为研究的教师也一般很少从这样的角度开展地域思想文化的研究。另外，不少教师对地域特色资源的研究也只是这类资源的某一方面，系统的从历史、现状出发去开展的研究还不够。

学者们对高校思想政治教育课存在的问题所提出的解决方案可以说是比较有针对性的，解决这些问题的关键在于要加强思想政治理论教学与社会实际、学生实际相结合，从而使学生更好地对理论有深入的了解，便于学生将理论应用于实际生活中。而高校思想政治理论课中最主要的就是与实际的结合，最重要的就是对生命教育的重视。

三、生命教育融入高校思想政治理论课程的研究现状

不管是在国内还是在国外，生命教育视角是大学教育实践领域里最常用、最有效的形式之一。在当前的研究中，国内外学者对生命教育视角的效果进行了总结，并对生命教育视角进行了研究概述，全面地对生命教育提出了有效的方法。明确提出在心理引导、精神指引以及人文关怀等过程中，科学的生命教育及其应用机制可以进一步提高生命教育介入的质量和学生的学习效果，对于生命教育来讲有着很重要的正面作用。

（一）国外关于高校生命教育的实践方面研究

生命教育思想（Life Education）最先是 1968 年由杰·唐纳·华特士提出的，他出版了《生命教育》一书，旨在关注人的生命，书中探讨了人的健康成长与生命教育的内在关联。自此之后，生命教育思想迅速在各国引来广泛的关注，并将之有计划有目的地运用于实践之中。

1. 生命教育在各国教育体系的重要性得到积极的肯定

在美国，传统的民族文化已经形成了一种根深蒂固的价值观和社会意识，使得美国人形成了对于个体生命价值特有的思考和观念，重视生命的自由、个性和价值，注重人性的解放，20 世纪末开始推行以公民教育为核心的生命教育；在德国，生命教育经过多次教育模式改革并结合具体国情，形成了具有本国特色的生命教育体系，进行了“死亡的准备教育”“善良

教育”等，主要融入并体现于公民道德教育中；在乌克兰，各所学校均开设了生命科学基础课程，旨在培养学生树立正确的生命价值取向。随着时代的发展，生命教育受到了积极的肯定和重视[①]。

2. 关于生命教育学科课程的研究

在西方国家虽然没有思想政治教育的说法，但是生命教育已经融入了公民教育、道德教育中。西方学者认为生命教育应该充分发挥课堂教学的作用，多数高校专门开设了生命教育课程。在英国，通过渗透式的生命教育，将教育内容融入历史、艺术、地理等相关课程中；在日本，高校开设的“教养课”中均涉及生命教育的内容；在新西兰，生命教育基金会专门设置课程与学校的道德、健康、体育等课程连接，教导学生如何“保持身体”，并且尊重生命，在认识生命的基础上，进一步引导学生认知生命破坏平衡后的状态，促进学生合理调节情绪与心理。通过生命教育的理论学习，达到知识、情感层面的要求，引导学生进行自我创造和自我实现。

3. 关于生命教育内容的研究

关于高校生命教育内容，学者们持有不同的观点。美国的生命教育内容大致可分为：直面生命的死亡教育、珍惜生命的品格教育、提高承受力的挫折教育以及情绪化教育，引导学生尊重生命、创造生命价值；在英国，生命教育主要涉及两个方面，一是以公民教育为主，二是主要是生命关系教育，涉及生

① 黄渊基. 生命教育的缘起和演进［J］. 求索，2014（08）.

命个体与自然、社会、他人以及个体的关系；在日本，余裕教育是生命教育的重要内容，倡导“热爱生命，选择坚强”。不同的国家，根据其基本国情的差异，生命教育的内容也会有所不同，但其主要目标基本都强调引导学生树立正确的生命价值观，实现生命的价值和意义。

4. 关于生命教育方法的研究

国外学者认为丰富多彩的生命教育形式，能够增强其实效性，尤其是加强生命实践体验。在美国，通过课堂讲授方式、社会实践方式、心理辅导方式、社会支持系统等多样化式的生命教育方式，形成了美国生命教育的独特格局；在英国，通过渗透式的生命教育和挫折教育，鼓励多样化的教育方式，尤其是加强学校与社区合作，从多维度、多视角来提升生命认知，使得学生在潜移默化中接受生命价值观的教育引导；在澳大利亚，政府尤其注重运用新媒体方式帮助青年学生，应用个人一对一、团体聊天的方式来解决当代青年的生命焦虑，加强心理疏导和生命关怀，在认识生命的基础上，促进学生合理调节情绪与心理①。

生命教育运动兴起后，有许多国家和地区纷纷开展不同形式的生命教育运动，国外生命教育的体系构建为我国的生命教育提供了借鉴，如采取渗透式教学、注重生命体验实践教学、加强生命教育的师资培训、构建“五位一体”的生命教育体系等。总而言之，西方哲学家和思想家对于生命的研究以及对

① 冯建军. 生命教育与生命统整［J］. 教育理论与实践，2009（08）.

生命本质和意义的探索，都有一定的相通之处，都为我们进一步认识生命、理解生命、完善生命提供了重要的思考空间和理论资源。

（二）国内关于生命教育融入高校思想政治理论课程的研究

近年来，生命教育研究受到了我国学者的广泛关注。国内学者对高校生命教育的内涵、理论体系构建、影响要素以及探究途径做出了深层次和多维度的理论探究，并结合中国的具体国情，提出了富有中国特色的生命教育的理论主张，推动了当代大学生生命教育的理论探究和实践模式的构建。

1. 生命教育融入高校思想政治理论课程的现状

随着时代的发展，生命教育逐渐受到了国内学者和高校的关注和重视，国内高校已将生命教育纳入了高校思想政治教育体系中。2006 年，江西师范大学开设了“生命教育和生死哲学”公选课，指导学生如何解决生命困顿，提升生命品质；2008 年，云南省开展“三生教育”，关注个体生命、生存、生活，将“三生教育”作为社会主义核心价值体系建设的基本要求，探索并创新了德育内容；2008 年，浙江传媒学院开始在公共理论课程“思想道德修养与法律基础”的教学中全面融入生命教育，推动了教学实践的“思化、德化、生命化”；2010 年，吉林大学开设了“生死哲学与生命教育”选修课等。

2. 生命教育与高校思想政治理论课程之间的关系

关于高校思想政治理论课程与生命教育的关系方面，学者们认为两者具有共通性，在教育理念、教育主线、教育目标、教育方法等方面是统一的，具有许多耦合要素，生命教育融入高校思想政治理论课是应有之义。综合学者们的主要观点来看，他们认为高校思想政治理论课程涵盖了生命教育的内容、方法和目标诉求；两者具有内在张力，在教育过程中均贯穿“以人为本”的基本价值理念，体现对于生命的现实关怀和终极关怀，将实现生命个体全面发展作为终极目标和价值追求。同时，生命式体验也拓宽了思想政治理论课程的生命场域，生命教育可以促使思想政治理论教育更加关注对于学生自我生命价值的反思、回归现实生活世界以及拓展生命内涵，有助于促进高校思想政治理论教育实现社会价值回归。

3. 生命教育融入高校思想政治理论课程的路径

关于生命教育融入高校思想政治理论课程的路径构建中，主要涉及教育教学载体、校园活动载体、网络媒体载体、文化载体以及管理载体等方面。以高校思想政治理论课程为主渠道，加强在具体课程中对生命教育资源的挖掘、生命教育素材的采集，在课程中关照生命，实现有机融合；在教育内容方面，要拓展、深化教育内容，引导学生在尊重自然生命的基础上，不断提升精神境界，促进生命个体意义世界的构建；在教育方法等方面，要采用丰富多彩、灵活多样的方式和途径，如生命实践体验法、网络教育法等，其中学者们关注较多的为生命实践体验法，在实践中引导学生感知生命；在教育者方面，加强教师生命素养，激发生命教育热情、充满生命关爱情怀、努力提升自身生命教育能力，促进生命主体间性生存方式的构建①。但这些研究大多集中于宏观方面，在微观方面缺少针对性的解答。

通过对现有文献的分析和整理发现，目前生命教育的问题已经越来越受到学术界的关注和重视，对于这方面问题的研究也已取得了很大的进展，但仍存在着一定的不足。

第一，缺乏针对性。现有研究大多是对某几个现实问题进行的混搭型研究，且多从宏观方面探讨，研究内容大多较为笼统，缺乏针对性的生命教育研究。本书以了解当前生命教育融入思想政治理论课程的现状及其他相关问题，进一步分析问题存在的原因，并以此为基础探讨优化对策。

第二，现有研究基于马克思主义理论指导下的文章较少。马克思主义生命价值观是具有革命性、批判性、唯物辩证性的一种价值观，其具有科学性和超越性。目前，关于生命教育的文章大多从教育层面、心理层面进行探析，理论基础还不够扎实和完善。因此，需在马克思主义理论的指导下，对生命教育融入思想政治理论课程进行合理的理论引导与构建。

第三，现有的研究多是从理论层面对生命教育进行研究，涉及实践领域的较少。学者们对于生命教育融入思想政治理论课程的理念、方法、内容、途径等进行了探索，但是关于更深层次的价值追求尚未得到统一的定论，并且这些研究多是从理论的角度，存在理论基础和实践应用相脱节的现象。

① 尤红姣．生命教育融入高校思想政治理论课研究［D］．无锡：江南大学硕士学位论文，2016.

第三节　研究的趋势

一、国外研究趋势

生命教育理论研究起源于20世纪初的西方社会出现的生死学和生死教育。爱伦·凯在其著作《儿童的世纪》（1900年）一书中认为在未来“儿童的世纪”下应倡导以儿童为幸福、以儿童为本位的教育理念，这主要是来源于卢梭的自然主义教育观，要尊重儿童的自由发展，激发其创造力，发挥其独有的特点。生命教育思想最先是由杰·唐纳·华特士提出的，作者出版的《生命教育》一书，旨在关注人的生命，书中探讨了人的健康成长与生命教育的内在关联。自此之后，生命教育思想迅速在各国引来广泛的关注，并将之有计划有目的地运用于实践之中。1968年，杰·唐纳·华特士在其生命教育理念的指导下，创建了“阿南达村”学校，并开始倡导和实践生命教育。此后，各个国家在不同时期采取了与国情相适应的生命教育实践，具体可以从两个方面来进行归纳概括：

一方面是通过学校设立生命教育课程的展开。20世纪70年代，美国的大学设置了“死亡和死亡过程”的生命教育课程，并有1500多所中小学也设置该课程。日本于1989年新教学大纲中，明确了道德教育的目标，通过渗透法将生命敬畏观、余裕教育融入公民教育之中。1991 年，苏联[①]的俄罗斯联邦部长会议通过了《关于俄罗斯普通学校青年应征训练》的 253 号决议，要求在普通学校、中专学校、职业技术学校废除“青年应征训练”课程，代之以“生命安全基础”课程。英国在 2001 年开设“死亡课”课程，聘请专家来讲解生命的意义，通过创设情境，角色模拟使学生理解生命的意义，引导学生珍爱生命。2009 年，韩国人郑俊却创办了一所“棺材学院”，该学院是通过“体验死亡”来教育学生珍爱生命。韩国的实践课程“模拟葬礼”在韩国的政府、学校、社会团体的支持下逐步开展起来，使学生通过实际感受，以反推正，教育学生以更积极地态度来对待生活、对待生命。

另一方面是通过形式多样的生命教育协会、生命教育中心来展开的。美国成立了“美国死亡教育学会”“死亡教育与咨商学会”，出版了《生死学》《死》等与生命教育相关的杂志。美国政府为推行和保障生命教育，直至 20 世纪 90 年代，其教育概念基本遍及美国国内学校。20 世纪 90 年代以来，德国卫生部通过定期举办“短寿”展览，“短寿”展览馆成为健康教

① 苏联，全称苏维埃社会主义共和国联盟，是 1922 年至 1991 年的联邦制社会主义国家，并奉行社会主义制度，由苏联共产党执政。1922 年 12 月 30 日晚，苏维埃社会主义共和国联盟首次苏维埃代表大会在莫斯科召开。斯大林在会上作关于成立苏联的报告。大会通过了苏联成立条约。当时加入苏联的有俄罗斯、南高加索联邦、乌克兰和白俄罗斯等 4 个加盟共和国。1991 年 12 月 26 日，苏联最高苏维埃自行解散，标志着苏联作为一个主权国家从法律和现实中正式结束其存在。苏联解体后分裂为十五个国家，且大部分经济及军事力量由最大加盟国俄罗斯联邦继承。

育之所，意在使人意识到生命的可贵。英国的学校则是通过与野生动物组织或者救护中心合作，珍爱生命从珍爱小动物的生命开始，使尊重生命成为英国学生的一项基本素养。

综合上述国外对生命教育的研究，我们发现，一方面，国外学者在抽象的人学基础上，使人的生命本体走向唯心主义，缺失马克思主义实践立场的生命本质和自我确证，忽略了教育为人的发展服务的功能。另一方面，生命教育源于死亡学，而后逐渐发展成为死亡教育、生死教育，国外开设死亡教育课，结合实地参观和体验生命的方式，教育学生认识到死亡是生命周期的自然规律，主要是通过生命的“生”与“死”的二元相对性来确保生命教育的有效性。

二、国内研究趋势

20 世纪 90 年代以来，伴随着中国全面实施素质教育，各地开始积极开展生命教育活动，并取得了一定效果。2004 年 2 月 26 日，党中央、国务院发布了《关于进一步加强和改进未成年人思想道德建设的若干意见》，其文件指出，要扎实推进中小学思想道德教育，在中小学生中广泛开展“珍惜生命、远离毒品”的思想教育，把生命教育作为思想道德建设的重要载体，科学有效地实施生命教育活动。2004 年，上海市制定并出台了《上海市中小学生生命教育指导纲要》，辽宁省制定了《辽宁省中小学生命教育专项工作方案》。2005 年 12 月，中国宋庆龄基金会于北京主办了第一届中华青少年生命教育论坛，2006 年 12 月又举办了第二届。2006 年，北京大学在论坛上发布了《中华青少年生命教育年度立项报告》。随着实践的发展，我国生命教育已经形成了政府主导、民间参与、社会各界积极配合的发展趋势。21 世纪的教育改革越来越多地关注生命教育，重视个体生命，关注生命将是人类在教育观念上的一次根本性变革，生命教育的重要性已得到广泛认同。

2010 年 7 月，党中央、国务院颁布《国家中长期教育改革和发展规划纲要（2010—2020 年）》，特别强调要着力推进教育改革，在教育中坚持以人为本，全面实施素质教育，重视安全教育、生命教育、国防教育、可持续发展教育。其中，生命教育首次被提出，成为国民教育的一大主题。近年来，我国的生命教育研究呈现出良好的发展态势。高校中的生命教育实践设计已经起步，并作为一门独立的课程面向学生开设。例如，江西师范大学的“生命教育与生死哲学”公选课，复旦大学的“生命教育研究”选修课，武汉大学的“生命教育——大学生读本”通识课等。

开展生命教育是学校教育教学改革和课程建设适应时代发展的必然需要。多年来，一些学校通过学科渗透和专题教育的方式开展生命教育活动，由于缺乏对生命教育的整体思考和系统推进，在思想认识、课程建设、教学方式等方面还存在着一些不足。开展生命教育，必须建立和完善生命教育课程体系，从生理、心理和伦理等方面来积极引导学生善待生命，完善自我人格，使其享受生命的过程和快乐，从而健康的成长。

为了激发高校思想政治理论课堂的生命活力，学术界有一些学者开始关注高校思想政治理论课程中渗透生命教育的研究，本书的研究正是在这个基础上进行的。本书希望通过“生命教育融入高校思想政治理论教育课程结构的理论与实践”研究，转变教学理念、增加教学内容、完善课程结构、改进教学方法，构建基于生命教育理念的高校思想政治理论课程生命化教学模式，高质量提高思想政治理论课程教学的有效性。

第二章 生命教育与思想政治教育的耦合

生命教育与思想政治教育都是社会主义教育事业的重要组成部分。生命教育旨在通过自然生命教育、精神生命教育、社会生命教育，引导大学生树立科学的生命观，正确处理好与个人、他人、集体、社会之间的关系，探索生命的价值，追求生命的终极意义。思想政治教育以教育学生树立正确的世界观、人生观、价值观为目的，使学生认识到生命存在的意义，明白自我与他人、社会、国家一致的价值观。体验是生命存在的方式，在体验中，人不断地追寻生命的意义和价值，以实现对生命的创造和超越。思想政治教育的最终目的是使学生获得积极的生命体验，体验式的生命教育是思想政治教育的有效途径。

第一节 生命教育的本质和基本目标

当今时代是一个充满竞争的时代，一个生存压力日渐增大的时代，一个生命越来越需要被尊重的时代。我们需要生命教育，并通过生命价值的教育，来解决漠视生命、淡薄生命意识、精神抑郁等社会问题。

一、生命教育的本质

生命教育是指在生命活动中通过对生命个体的教育，使之感悟到生命的有限性、唯一性和不可逆转性，从而思考其存在的价值，并在人生实践中得以实现。生命教育的价值包括珍惜生命、丰富和发展生命内涵、升华生命境界及追求生命真谛等层面。生命教育的目的是弘扬生命价值，使生命个体都能够珍惜生命、敬畏生命、热爱生命和尊重生命。[①] 从最根本的意义来说，生命教育是一种全人教育，它涵盖了人从出生到死亡的整个过程和这一过程中所涉及的各个方面，既关乎人的生存与生活，也关乎人的成长与发展，更关乎人的本性与价值。生命教育的核心目标在于通过生命管理，让每一个人都成为“我自己”，都能最终实现“我之为我”的生命价值观念，即把生命中的爱和亮点展现出来，为社会、为人间焕发出自己独有的美丽与光彩。

（一）西方生命哲学和中国文化中的生命哲学理论依据

西方生命哲学起源于19世纪60、70年代，到20世纪初，生命哲学得到空前发展。针对理性主义强调工具和逻辑抽象而

① 黄艳．生命教育融入高校思想政治理论课的途径探究［J］．林区教学，2017（04）．

忽视的生命和精神问题，一些哲学家就回归人的本性，发挥人的潜能，培养真正人的问题，提出了各自的观点，代表人物有威廉·狄尔泰、格奥尔格·齐美尔、亨利·柏格森等。威廉·狄尔泰认为人是需要被理解的，是无法用纯理性的思维来考究和说明的，他倡导以生命作为教育的原点和归宿。教育需要挣脱知识和工具对人的约束，教育过程应成为体验生命、陶冶人格情操、净化心灵、促进生命和谐发展的过程。格奥尔格·齐美尔认为要想展现生命的意义和价值，不仅需要主观理解，更要亲身体验和创造，由此，他提出了“生命比生命更多”和“生命超越生命”这两个命题。他强调生命需要不断地创造和更新，生命的意义便在创造和更新的过程展现出来。亨利·柏格森进一步完善了威廉·狄尔泰的生命哲学思想，他指出生命不是物质的，它与物质是对立的，生命是一种非理性的、不断运动的生命冲动。人在这种生命冲动中不断完善与发展，成为自我生命的主宰。

我国传统文化中也蕴涵“生命哲学”思想。儒家提出“天地之性，人为贵”的思想，把生命看作是万物之灵，具有尊贵的地位。儒家的生命哲学思想体现为以人为贵、以孝为本、尊重生命、敬畏生命。儒家强调珍爱生命，不仅要爱惜自己的生命，还要延续祖先的生命。从这个层面看，发扬儒家文化，有助于增强大学生自觉维护生命，不随意践踏和伤害生命的意识。儒家提出的自强不息的生命发展观，对大学生陷入困境，以顽强的意志克服困境具有激励作用。儒家“成仁取义”的价值观对探究生命的价值问题也产生了积极影响。道家思想也蕴涵生命哲学，它强调生命是一切价值存在的基础，是宇宙万物中最尊贵的存在，其生命哲学思想体现为贵己重生、轻物重生。老子认为名利成败是外在的，不能作为衡量生命价值的全部，生命本身的延续和发展才是最重要的。庄子继承老子的思想，强调生命价值高于名声利禄，他主张人要确立重生、贵生的价值取向。道家还提出善待万物、保护物种的思想，对人们珍惜生命、关怀自然有着积极的影响。佛家思想也蕴涵生命哲学，珍爱生命、善待万物是佛家思想的主要内容，集中体现在普度众生和反对杀生的思想上，它认为万物皆有灵性，要尊重一切生命。佛家还提出无嗔无我、无欲无求的生命价值观和超现实的生命发展观。佛家的生命价值观告诫世人要挣脱物欲的束缚，保持一颗平常心，用平和的心态去体验多彩的生命，不断地充实生命，将有限的生命引向到有意义的世界中。佛家看透了生死的循环往复和生命的无常，引导人们超越现实中的矛盾，追求生命的永恒，增长生命的智慧，发扬人性中的真善美，实现心灵的自由。

由此可见，国内外的哲学家把生命看作是对自我存在的体验和领悟，具有创造性和能动性。他们认为生命教育需要关注生命本体和生命本然的价值，调动人的主动性，重视人的体验和创造，引导人尊重、善待生命，追求并拓展生命意义。

（二）弗兰克与海德格尔的存在主义哲学思想关于生命的理论依据

存在主义哲学始于第一次世界大战后的德国，其开创者是埃德蒙德·胡塞尔和马丁·海德格尔。第二次世界大战后，存在主义在法国思想流派中占据重要地位，代表人物有保罗·萨特、梅劳·庞蒂等。到了50、60年代，成为整个欧洲最盛行的哲学思潮。然后，传入亚洲和非洲，直到传入美国后盛及全球。存在主义哲学家维克多·弗兰克主张“把鼓励个人的非理性意识活动当作最真实的存在，并作为全部哲学的出发点”。维克多·弗兰克认为存在主义中的存在强调的是人的存在，关注人的独特性和人与人之间的独特关系，人是自由、独立、有个性的，批判现代社会对人的束缚，主张恢复人的自由和个性。而人的自由和个性只有在同他人交往中才能实现，只有彻底摆脱理性的束缚和异化，过自由的生活，才能体现生命的意义和价值。此外，马丁·海德格尔提出的“由死而生”的观念，把“死”看作“生”的可能性，“死”作为“生”的悬欠，有待于“生”去终结。人只有理智地面对死亡，接受死亡的考验，才能维护生命的尊严，激发生存的勇气和智慧，活出生命的价值。从存在主义哲学角度出发，生命教育需要呵护生命，归还生命的自由，关注人的生命体会和生命情感，保障生命的独特性。

（三）马斯洛、罗杰斯的人本主义心理学及其关于生命价值的理论依据

人本主义心理学兴起于20世纪50年代的美国，到60、70年代盛及全球。人本主义心理学批判传统心理学对人性的贬低，强调心理学应关注人的本性、生命的尊严和价值。它把

人的经验、潜能和自我实现作为考察重点，把生命自由、本性生活作为核心理念。人本主义心理学代表人物有马斯洛和罗杰斯。

1. 马斯洛的需要层次论、自我实现论和超个人心理学

马斯洛认为人的需要从低级到高级分为五个层次："第一，生理需要，即对食物、水、空气等的需要；第二，安全需要，即要求安全、稳定、免受焦躁和混乱折磨，对秩序和法律的需要，以及对保护者实力的要求等；第三，归属与爱的需要，即与他人建立情感联系的需要；第四，自尊需要，即对自尊、自重和来自他人尊重的需要；第五，自我实现需要，即追求实现自身潜能，并使之完善化的需要。"[①]这五个层次的需要是人最基本的需要。只有确保低级需要的满足，才会自觉地去追求高级需要。

马斯洛认为自我实现包括两方面："一是完满人性的实现，作为人类共性的潜能（如求知、合作、创造、审美等）的实现；二是个人潜能的实现，是指个人特性潜能的实现。"教育的作用在于帮助人引发这些潜能，促进自我实现。马斯洛认为心理学不仅局限于关注自我及其实现，还应把自我和无限意义世界联系起来。他试图把传统精神和现代心理学创造性的结合起来，提出从身体、心理和精神方面来全方位地认识自己。超个人主义心理学旨在开发人的潜能，全面地认识自我，不断地超越自身，释放心灵，达到超越的境界。

---

① 马斯洛. 动机与人格 [M]. 许金声等译. 北京：华夏出版社，1999.

2. 罗杰斯的人格自我理论

该理论强调以自我为中心，以自我和谐的发展和自我实现为动力，以培养完整的人为目标。罗杰斯认为教育需要回归生命和自由，关注人的精神、情感和价值观念的综合发展，促使人形成积极的自我意识，达到自我协调，充分发挥人的潜能，实现完整的人格。人本主义心理学强调人和人的生命价值，成为生命教育理论的借鉴基础。从人本主义心理学的角度来看，生命教育必须以人的生命作为起点，丰满人性，保持生命的独特性，挖掘人的发展潜能，以提升人的生命价值作为终极追求目标。

3. 积极心理学关于生命价值的理论依据

积极心理学兴起于20世纪末的西方，其创始人是马丁·塞利格曼、谢尔顿和劳拉·金。它被称为是挖掘人类潜能、获得幸福的学科，倡导“人们用一种积极的心态对人的心理现象和心理问题做出新的解读，关注人类生存与发展，强调人的价值与人文关怀，引导人类对自身潜能的发掘，用欣赏性的眼光看待自身的动机和价值，使每个人都能顺利走向属于自己的幸福彼岸”。有关积极心理学的研究，集中在以下三个方面：

第一，有关积极情绪体验的研究，包括主观幸福感、高兴、希望、爱等，其中对主观幸福感进行了重点研究。主观幸福感包括个体对其生活质量做出评价的生活满意度和用感性带动心理的情感体验。积极心理学认为幸福是人的最高追求，金钱和名望仅是实现幸福的途径，并不是真正的幸福，幸福更多与自我实现、生活事件、良好的社会支持有关，人们只有坦然地面对过去、积极地感受现在、乐观地构建未来，才能体会生命的幸福。

第二，有关积极人格特征的研究。积极人格特征包括两方面：一方面是自我积极性，个体能够接受并管理自己，满足自主和归属的需要，具有明确的生活目标，把握机遇和挑战，勇于创造；另一方面与他人良好的关系，个体与他人保持互利互助，和谐共处的关系。积极的人格特征有助于个体在面对磨难和压力时，采取有效的应对策略，促使个体在追求、体验幸福的同时，能发挥自我潜能，彰显生命的意义。

第三，有关公民美德的研究，倡导通过构建健康和谐的家庭、学校和社会，激发个体的创造力，把个体培养成为具有责任感、崇高职业道德、明礼诚信以及利他的人。总之，积极心理学认为具有积极品质的人，能更为从容地应对压力和困境，更为积极地创造生命的价值，构建生命的意义。从积极心理学的角度出发，生命教育不仅局限于抑制伤人、虚度生命等消极方面，还要关注学生的幸福感、潜能发挥等积极方面。通过生命教育，培养学生乐观的品格，热爱生活，以积极的心态面对挫折与挑战，充分发挥潜能，增强幸福体验，树立正确的幸福观，积极探寻生命的意义。

4. 马克思主义关于的生命价值观的理论依据

马克思主义的生命价值观是生命教育的主要理论支撑。它是以辩证唯物主义的世界观为指导，是关于人的全面发展的价值观。马克思主义生命价值观包含以下三个方面：

第一，生命价值包括自我价值和社会价值。自我价值的满足与实现离不开个人的社会价值，社会价值的实现必然会满足局部的自我价值。因此，个体只有投身于社会，为社会尽责和奉献，才能获得成就感，实现自我价值；社会要尊重和满足个人，为自我价值的实现提供物质保障。马克思主义认为生命的真正价值在于奉献，人不仅要满足自我需求，更要满足他人和社会的需要，通过不断地学习和实践，提高自身的道德素养，更好地为他人付出，为社会发展作贡献。

第二，实现人自由而全面的发展。人的全面发展是指德、智、体、美、劳和谐完整的发展，有助于自我与自然、社会的和谐共处。马克思曾指出，真实生命是每个人身心和谐统一的良知良能与社会实践活动相和谐的生命活体。① 人只有全面地认识自己，在实践中充分发挥自身潜能，使生命活动成为真正自由的活动，才能实现人自由而全面的发展。

第三，人活着是为了全世界人的幸福。追求幸福是人们普遍的愿望，是人类生存和发展追求的终极目标，它是在劳动和创造的过程中生成的，人只有投身于社会实践，努力创造其获得幸福的条件，才能体现自身生命的价值，感悟生命意义，从而树立科学的生命价值观。从马克思主义生命价值观角度出发，生命教育实施必须以其为指导，帮助学生树立科学的世界观、人生观、价值观，正确处理自我价值与社会价值的关系，发挥学生潜能，促使学生全面发展，实现自我生命的意义，追

① 马克思，恩格斯．马克思恩格斯选集［M］．北京：人民出版社，1972.

求全人类的幸福。

5. 生活教育和全人教育理论关于生命价值的理论依据

教育是一种教会人怎么样去生存，帮助人明白为何而生存的学问，前者是关于知识和技巧的传授，而后者关于生命价值的开发。而为了实现这两个教育目标，就有必要研究教育对象、总结教育规律、探讨教育技能以及理解教育的本质。从教育理论的视角来看，生命是以可能性为前提的、是具有高度可塑性的；生命是不断地生长和成熟的生命；生命是拥有选择的权利、也是被赋予主动选择能力的生命。

教育应该充满人性，教育也应该生活化。生命教育应与人的生命、教育以及人的生活融合在一起。我们应该充满敬畏的尊重生命、热爱生命。倡导生命教育就在于唤起人们对生命的珍惜，因此，学校的教育应该把学生当作完整的一个生命体，关注学生生命的全部内容和全部过程，把学校生活当作学生必须经历的重要组成部分，而不仅仅是认知学习的过程。生命教育需要整合各方面的教育力量，促进生命整体性的发展，让人的整个生命系统充满活力，并焕发蓬勃的生机。教育应该尊重学生生命发展历程中出现的差异性，欣赏学生生命的独特性，因材施教，最大限度地挖掘每个学生的生命潜能，发现学生的个性以及天赋。

两个基本的教育命题，是杜威的“教育即生活”和陶行知的“生活即教育”。生命既是教育的起点也是教育的终点。教育是“以人为本”的教育，这是无论在理论界还是在实践领域都已经达成了共识的。而以人为本的“人”是以生命的方式存在的，没有生命的存在也就没有人的存在，生命的存在是以实现人的价值、理想为前提的，离开了生命一切将无从谈起，就如鱼离开了水是否还能生存一样，所以生命是教育的基础，教育应该遵循人的生命生长规律，把生命理念作为核心，并将它贯穿教育的整个过程中，才能体现教育的价值。

在传统的学校教育当中，素质教育一直是与学生的生活世界相分离的，与世隔绝的“知识的世界”成了人唯一生长的家园，于是人与自然、人与人的关系出现了空前的危机。在学校的实践中，学校关心的是学生的考试成绩、升学率等这些可见的成果，在一定程度上压制且忽视了教师与学生的生命价值。总而言之，中西方思想家对生命的本质、意义和价值进行的探究，有助于人们更好地认识、理解和完善生命，同时也为高校生命教育的开展提供坚实的理论依据。

综上，生命教育就是教人认识、尊重、爱护生命、实现生命的意义、生命的价值并为社会以及人类发展作贡献。要教人正确的对待“生”和“死”；也要教人学会应对生活当中遇到的挫折，面对挫折保持一个积极的心态，学会对生命负责；认识到生命是平等的，学会平等的对待每一个生命体，学会敬畏一切生命。不伤害自己生命，也不残害他人和其他一切生命，要尊重自己的生命，也要尊重他人的生命，并与他人、与自然界建立和谐的关系。

生命教育是关于生命的教育，引导学生正确认识生命的价值、生命的责任。但是关于生命教育的含义，我国目前有两种观点：狭义上的生命教育观就是把生命教育作为一种教育的对象、教育的内容。教人学会认识、保护、珍爱、欣赏并探索生命的意义。[①] 另一种是广义上的生命教育，认为生命教育是一种价值追求，认为生命教育就是引导学生正确认识生命的价值、生活的真正意义、学生人文精神的培养，让学生去追求终极信仰、拥有关爱的心。学者郑晓江认为生命教育是关于人的生活、生命与人生问题的教育。

由此可见，生命教育的本质是以人为本，体现在认识生命、关爱生命、引导生命、提升生命的教育过程中，它首先立足于人本身，让受教育者从认识人的自然生命规律入手，从生命的自我体验中了解生命的价值，从而尊重、珍惜生命，并进而认识生命与自我、与他人、与自然、与社会的关系，从自重自惜到关心他人、关爱自然、关注社会，并最终使个体提高生命质量、提升生命价值。生命教育既是一切教育的前提，同时还是教育的最高追求。因此，生命教育应该成为指向人的终极关怀的重要教育理念，是在充分考察人的生命本质基础上提出来的，符合人性的要求，它是一种全面关照生命多层次的人本教育。

此外，开展生命教育必须遵循以下几个基本原则：

（一）科学性原则

根据学生身心发展规律、特点及教育教学规律选择生命教育的内容、方式和方法。同时，生命教育内容的选取还必须遵

① 冯建军. 生命教育的内涵与实施［J］. 思想·理论·教育，2006（01）.

循马克思主义哲学观，符合科学真理。

（二）全体性原则

每个学生都是一个特有的生命体，都具有独特的生命价值，生命教育应关注每一位学生，引导和帮助每一个学生认识和理解生命的意义，提升生命的价值。

（三）主体性原则

调动学生参加生命教育活动的主动性和积极性，是确保生命教育质量的前提，也是对学生生命的尊重。在实施生命教育的过程中应确立学生的主体地位，充分发挥学生的主体性。

（四）体验性原则

注重对学生的人文关怀，强调学生的切身体验，改变单一的接受性学习方式，把生命教育有机地融入学生的生活之中，努力使学生在探究实践中获得积极的情感体验，培养学生的创新精神和实践能力。

（五）因材施教原则

不同年龄段的学生具有不同的身心特点，同一年龄段的学生个体之间又存在个性特点的差异性，每一个学生在不同的时期遇到的生理和心理问题也不相同，因此，生命教育应把握学生生命的脉搏，联系学生实际，有针对性地开展教育。

（六）多样性原则

大学学生好奇心强，喜欢新异的刺激，充满生命活力。生命教育的内容、形式、途径和方式应力求丰富多彩，以符合学生的心理特点和生命特征。

二、生命教育的基本目标

生命教育，即是直面生命和人的生死问题的教育，其目标在于使人们学会尊重生命、理解生命的意义以及生命与天、人、物、我之间的关系，学会积极的生存、健康的生活与独立的发展，并通过彼此间对生命的呵护、记录、感恩和分享，由此获得身心的和谐、事业的成功、生活的幸福，从而实现自我生命的最大价值。

生命教育伴随着人类文明的发展及现代化的推进而兴起的一种新的教育思潮。它以生命为价值主体，以人的生命活力为基础，以承认不同禀赋、性格和能力的差异为前提，以倡导与自身、自然和他人整体和谐为目标，通过选择优良的教育方式，唤醒人们的生命意识，启迪人们的生命境界，培养人们充满生命活力、具有健全人格、体现鲜明个性、掌握创新能力、提升生命质量。其核心和基本目标是幸福与快乐的教育，是要通过这种教育让人能够获得生活的快乐与生命的幸福，使其整个人生富有意义与价值。①

① 康卫国．高校生命教育论［M］．北京：光明日报出版社，2015．

人生命的全过程就是由一次次的生命活动所组成。一次次生命活动的质量决定人生命全过程的质量；重视每一次生命活动的质量就是重视生命全过程的质量。教育就是对学生的每一次生命活动进行关怀，学习过程就是一种享受生命的过程，这种关怀是社会价值、个人价值和教育自身发展价值在“生命活动”实践中的统一。在此教育实践中，教师的价值将得到实现，生命质量将得以提升。

开展生命教育，应统筹高校现有的各类专题教育，整合和开发思想政治教育资源，整体规划生命教育内容，健全生命教育制度，逐步形成形式多样、内容丰富、结构完善的生命教育体系。通过生命教育，引导学生热爱生命，建立生命与自我、生命与自然、生命与社会的和谐关系，学会关心自我、关心他人、关心自然、关心社会，提高生命质量，促进学生人格的健全发展。生命教育的基本目标主要体现在以下三个方面：

（一）教育学生深刻理解生命的意义

这一目标要求大学生在深刻理解了生命宝贵的意义之后，既能珍惜自己的生命，又能珍爱他人的生命，还包括宇宙间万物之生灵，懂得人的生命是可贵的，它是一切情感、智慧、美好事物的载体。人的生命具有两重性，一重是肉体的生命，体现了人的动物性；另一重是精神生命，体现了区别于动物的人的特性。生命的两重性，前者是后者的前提和基础，没有生命的存在，谈不上生命的意义。所以，世间最宝贵的是什么？是生命。我们反对脱离生命空谈“意义”，反对以生命的牺牲为代价，来表达所谓的“死”的伟大。大学生珍爱自己的生命，首先，要了解自己的身体构造及生命的基本特征。其次，还要熟知有关保持身体健康和心理健康知识，知道如何拥有强健的体魄，并懂得如何维护和增进心理健康。然后，还要有基本的生存技能，如懂得在遭遇危险时如何开展自救和他救，在野外或在没有援助的情况下如何保证生存等。最后，在遭遇挫折和痛苦时，能调节不良情绪，懂得即使输掉一切，也不能输掉对生命的信念。大学生珍爱他人的生命应做到：像尊重自己的生命一样来尊重他人的生命，不怨天尤人，不伤害他人，能与他人和谐共处；与人相处时有人道主义精神，能遵循“以人为本”的理念；同时爱世间万物，爱护自然，保护自然，遵循“天人合一”的思想理念，不能为了自己的私利去损害自然，甚至破坏自然①。

（二）引导学生积极创造生命的价值

与珍爱生命比起来，这是对大学生更高一点的要求。从哲学意义上讲，生命是一切实践活动的前提和基础，生命存在，发展的可能性就存在，生命与发展的可能性同在。大学生不仅要珍爱生命，而且要在拥有美好生命的基础上积极主动地创造生命的价值。正如前文所述，生命价值是自我价值和社会价值的辩证统一，具体说来，生命价值是个体生命对于个体自我及

① 张国民，孙洁，赵静．大学生生命教育的主要内容刍议［J］．山西农业大学学报（社会科学版），2009（06）．

社会的需要的满足。它包含的两个方面的内容：一方面是指个体通过实践活动满足自我发展自我实现的需要，这也符合马斯洛关于需要层次的基本理论，生命个体通过努力能不断地去追问生命、热爱生命，自我感到活得舒展、活得美满，有较高的生存质量；另一方面是指个体通过社会实践活动来满足社会和他人的需要，通过对社会、对他人的责任和贡献来实现人生的幸福追求。

大学生处于求学时期，是社会化的前期阶段，其生命价值主要体现为内在价值，即内在的体能、知识、技能、品德的积累。能积极主动地创造生命价值这一目标，要求大学生要做到：其一，有理想、有追求，“志当存高远”。要明白成功是在不懈的追求与奋斗中实现的。切勿得过且过，“做一天和尚撞一天钟”。其二，时刻充满青春与活力，朝气蓬勃。切勿如那首为当今大学生画像的讽刺诗中所写到的“有重任没有体魄，有理论没有实践；有青春没有热血，有前途没有壮志”。其三，无论是身处顺境还是逆境，都能积极乐观地面对，要明白逆境是人生所不可避免的，身处逆境可能是不幸的，但却未必是绝对不幸的，关键在于人自身的自强不息。

（三）培养学生自觉提升生命的质量

提升大学生的生命质量是对大学生进行生命教育的根本目的。而大学生生命质量的提升并非一朝一夕就能够达到的，它是一个系统的工程。提升大学生生命质量应该从多方面入手构建大学生生命教育的“多位一体”的教育体系。

1. 追求远大理想，坚定崇高信念

理想信念在人的主观精神世界中居于核心地位起着主导和统领的作用。理想信念的动摇是最根本的动摇也是最危险的动摇。理想信念方面出现问题将会导致大学生人格素质的片面性，会影响大学生较长一段时间的生活甚至会影响一生，不利于大学生生命质量的提升，甚至会由于没有理想信念而迷失生命方向。提升大学生生命质量的重要途径就是培养大学生的超越意识，要教育学生走出封闭、狭隘的自我，在与社会、与他人、与自然以及自我的沟通和对话中，使自身的生命意识觉醒，完善自身人格。

2. 加强体育锻炼，拥有强健体魄

经过紧张的高考，一部分学生在进入大学后，开始尽情享受大学的自由空间、自由时间，忽视了体育锻炼，随着大学学习任务的增重，会对学生身体健康的状态产生一定的影响，从而对学习和生活产生了诸多不利影响。大学生活是人生的一个新起点，要拥有强健的体魄，更利于新生的一代去承担建设社会主义强国的重担。健康素质是全面发展的基本要求，若没有健康的体魄，自身的品德、知识、才干和能力就失去了承载体，生命的意义和价值也无从体现。因此，大学生要把学校的体育锻炼要求变成自己的自觉行为，要端正对体育的认识，要培养对体育的兴趣，要养成体育锻炼的习惯。

3. 更新教育理念，开展生命教育

高校是培养高级专门人才的地方，不但要向大学生传授知识、培养技能，更要帮助大学生健康的成长、科学的发展。所以，高校要培育德智体美劳全面发展的社会主义建设者和接班人，必须要更新教育理念，牢固树立“以人为本”的教育思想，加强对大学生的人文关怀，实施人性化教育，在各项工作中关心爱护大学生，尊重大学生个体的多样性、独特性和创造性，充分调动他们生命中的潜能，激发他们的学习积极性，使他们在校园生活中体验和感受生命的尊严和价值。

4. 跟进心理咨询，培养健全人格

当前，我国正处于社会转型期，人们的行为方式、生活方式、价值体系都会发生明显的变化。大学生难免会受到家庭、学业、情感、就业和人际交往等各种压力的影响，因此，高校要跟进大学生的心理咨询工作，构建包括思政教师、专业心理咨询教师、辅导员、管理工作人员等在内的心理咨询队伍，密切关注学生的动态了解学生思想，牢牢把握大学生的身心发展规律，加强大学生心理健康教育活动，及时对有心理问题的学生给予科学有效的心理咨询和辅导，适时采取有效措施，对他们出现的心理危机进行预防性干预。同时，要发挥大学生的主体性，要引导学生认识到生命质量的提升贵在自我的主动性。要引导学生学会做命运的主人，培养豁达的胸怀和开朗的性格，培养自强自信的心理素质和开拓创新的精神，要引导学生敢于正视人生挫折，学会客观分析产生挫折的原因，并科学寻求排困解惑的方法。

第二节　思想政治教育的本质和基本目标

思想政治教育的概念是一个历史概念，因其所处的时代和国家不同而具有不同的表现形式和具体内涵。目前，倾向性观点是把大学生思想政治教育从广义上作为一个集合概念定义为：思想政治教育是指教育者根据一定社会的思想品德要求和受教育者的思想品德形成与发展规律，对受教育者施加有目的、有计划、有组织的教育影响，促使受教育者产生内在的思想品德矛盾运动，以形成社会所期望的思想品德的过程。①

一、思想政治教育的本质

（一）调和人与社会关系的政治价值观导引活动

思想政治教育的本质是调和人与社会关系的政治价值观来导引活动。从思想政治教育产生的动力来看，理论上讲是社会与个人的思想政治社会化需要共同推动了思想政治教育的产生。从阶级的角度来分析思想政治教育，生活在阶级社会中的个人为了能够在社会中求得更好的生存与发展，会自觉参照社会要求的标准促进个人的政治社会化，而其现有思想政治水平

① 徐茂华. 高校思想政治教育的时代主题［M］. 东北师范大学出版社，2018.

与社会标准往往存在矛盾或差距。社会成员对思想政治社会化的需求与社会成员实际状况之间的差距或冲突（实质上即个人与社会之间存在思想政治道德方面的矛盾）使思想政治教育的产生和存在成为必要，思想政治教育活动便是为了解决这一矛盾而出现的。确切地说，虽然思想政治教育是为了调和个人与社会之间思想政治道德矛盾而产生和存在的，但其初衷在于引导社会成员调整或提升个人的思想政治水平，使之符合社会标准。

从思想政治教育历史实践的根本目的来看，古往今来，各国普遍以思想理论体系为载体，采用柔性的教育手段，通过学校课程和考试、社会风俗或礼仪等途径，对社会成员进行带有政治倾向性的伦理道德教化（包括政治思想教育、道德规范教育、个人品性教育等），通过提升社会个体的思想政治素质和道德品质，一方面培养符合社会需要的具备政治方向鲜明之德的人才，另一方面则引导其认同社会主导政治价值观及政权合法性，以促进社会成员政治社会化，从而实现社会秩序的稳定和政治统治的稳固。尽管思想政治教育的实践历史也表明，生活在具体社会历史时期的普通社会成员也有“成圣成贤”的人性修养提升价值诉求和“修身以齐家治国平天下”的担当意识，但各个历史时期的教育家、思想家亦在一定程度上从关照个人发展的角度强调了社会成员提升人性修养的重要性，表现出为了人本身而对社会成员进行思想政治教育的意向（如西方的古希腊时期与近现代资本主义时期的思想政治教育）。

思想政治教育的根本任务就是对社会成员进行以政治价值观为核心的社会主流意识形态及道德规范教育，以调和个人与社会之间的政治价值观矛盾。这一矛盾得到缓和或解决意味着一个国家的社会成员对国家政权的基本认同，个人对以政治价值观为内核的社会主流意识形态的大致接受，以及个人将社会主流意识形态和与之相符的思想政治道德规范内化为自己的价值观念并且外化为自觉的社会行为。如此，个人与国家、社会之间的政治思想冲突得以调和，个人的生存与发展和社会的稳定与进步得以实现，个人与社会实现了互利共赢。可见，一方面思想政治教育确实能够对个人与社会的和谐发展起到促进作用，另一方面思想政治教育所调节的是个人与社会之间政治价值观层面的矛盾，实质上，通过教育手段作用于个人的思想观念领域，引导个人在思想上认同国家政权并遵循社会道德规范。

通过回溯思想政治教育起源与历史实践，剖析思想政治教育产生的动力、历史实践的根本目的和根本矛盾，可以发现，思想政治教育是一项以思想理论为载体，以教育这种柔性手段影响人们的政治价值观念，进而规范人们政治道德行为，以调和人与社会关系、实现政治稳固的社会实践活动。代表国家或社会是思想政治教育的主导力量，国家或社会的主导政治价值观念体系以及由此拓展的政治道德规范体系是其主要内容，“自上而下”是其典型教育形式，促进个人的政治认同以调和人与社会的关系进而维护社会稳定和政治秩序是其根本目的。基于历史与逻辑的辩证分析，思想政治教育的本质可界定为

“调和人与社会关系的政治价值观导引活动。”

（二）引导个体认识人的价值和人生的价值

思想政治教育的本质是“以人为本”，它通过对人的世界观、人生观、价值观的培养和引导来实现塑造人、发展人、完善人的教育目标。具体来说，思想政治教育立足于人，从现实和具体的人出发，以生命的内在需要和成长规律为基础，在人与社会的现实关系中引导个体认识人的价值和人生的价值。思想政治教育“以人为本”的本质属性包括四个方面：思想性、阶级性、实践性和超越性①。

1. 思想政治教育的思想性

思想政治教育是在马克思主义理论指导下，对教育对象进行人文教育、思想教育、意识形态教育、心理素质教育的一种教育活动②。马克思主义认为思想政治教育的本质是以“政治”为中心的意识形态教育。人的思想行为是个体与环境相互作用的结果，社会环境产生了人的需要，需要产生人的动机，动机支配人的行为。一定的行为结果经过反馈、调节需要、强化动机，重新支配人的行为。进行思想政治教育应当从人的思想表现入手，分析支配行动的思想动机，再从思想动机分析产生该思想的主客观条件，然后根据思想政治教育的要求去创造和改变外界环境，从而促使人们形成良好的思想动机，

① 李萍. 思想政治教育本质研究［D］. 东北师范大学，2019.

② 郑永廷. 论思想政治教育的本质及其发展［J］. 教学与研究，2001.

以此指导人的行为取得好的行动结果。

2. 思想政治教育的阶级性

任何的思想政治教育都是一个由相应要素构成的系统，同时具备相同的基本要素：思想政治教育主体、思想政治教育目的、思想政治教育方式、思想政治教育客体、思想政治教育结果等五大要素。各国的思想政治教育者总是依据社会的要求制定教育目标，并要求受教育者能按社会的要求接受教育，以实现最终目标。在这些要素中，政治教育的主体是具有阶级属性的，生活在阶级社会中的个人为了能够在社会中求得更好的生存与发展，会自觉参照社会要求的标准促进个人的政治社会化，而其现有思想政治水平与社会标准往往存在矛盾或差距。社会成员对思想政治社会化的需求与社会成员实际状况之间的差距或冲突（实质上即个人与社会之间在思想政治道德方面的矛盾）使思想政治教育的产生和存在成为必要。思想政治教育活动便是为了解决这一矛盾，来达到思想政治教育的目的，获得良好的政治效应和社会效应，每个政治教育的客体不是孤立的个人，而是一个家庭、一个家族乃至一个社会。

3. 思想政治教育的实践性

思想政治教育的实践性就是思想政治教育的现实性和思想政治教育价值实现的时效性，在社会生活中表现为与其他实践活动的结合和渗透。思想政治教育通过影响人的思想观念从而影响人的行为方式，是思想见之于行动的中心环节。通过实践加强思想政治教育，形成思想共识和情感归属，才能增强群体的凝聚力、创造力和执行力，才能使社会实践活动成为发挥人民群众主体作用和集体力量的创造性活动。可见，思想政治教育推动了个体实践汇聚为群体实践，是增强人类实践活动的凝聚力和社会合力的重要思想保障。因此，实践性是思想政治教育的本质属性。

4. *思想政治教育的超越性*

思想政治教育解决的是个人与社会之间以政治价值观为内核的社会意识形态领域的矛盾，这一矛盾一方面是指社会要求与个人实际思想政治品德之间的差距或冲突，另一方面是指生活在社会中的个人的思想政治道德理想与现实水平之间的差距。由于个人是生活在具体社会制度下现实的人，个人的思想观念在其现实性上必然受到社会要求的制约，个人往往会以高于自己现有水平的社会思想政治道德要求为理想。如此，这两个方面的矛盾实质上就是个人实际思想政治道德水平与社会要求之间的矛盾。思想政治教育之所以产生和存在，就是为了解决这一矛盾。而社会主流价值观念和道德规范虽在根本上代表统治阶级的政治利益，但在一定历史时期，社会所倡导的主流意识形态及思想道德规范一般是与社会生产力相适应的，代表了这段时期思想政治观念的最高水平，因而是具有正向的价值。思想政治教育活动致力于将以政治价值观为根本内核的社会主义意识及其政治道德规范传播给社会成员，引导社会成员改变或提升现有的思想政治水平，使之达到社会标准。从其意义上讲，思想政治教育本身是一项超越性活动。对社会而言，思想政治教育助力于个人思想政治道德素质超越现有水平，达到社会标准，以促进社会稳定，实现个人与社会协调发展；对个人而言，思想政治教育有助于个人超越现有的自在思想政治道德水平，达到自己按照社会标准设定的理想水平，以提升人性修养，实现个人价值。纵观古今中外的思想政治教育的历史实践，取得统治地位的阶级的思想政治观念和价值追求基本上代表了当时最先进的思想水平，反映了当时社会广大社会成员的利益诉求，各国历来重视通过思想政治教育活动将社会主流政治价值观念和道德规范传播给社会成员，以提升社会成员的思想政治觉悟，维护社会稳定和统治稳固；同时，各个历史时期的社会中有追求的个人也按照当时社会的思想政治道德标准设定自己的道德理想，自觉修身以齐家治国平天下。不论对于个人还是社会，思想政治教育都是一项超越性的教育实践活动。

二、思想政治教育的目标

思想政治教育目标，就是指思想政治教育者根据社会发展的客观要求，在科学预测的基础上，通过思想政治教育活动使受教育者的思想状况和行为习惯在一定时期内要达到的预期结果。从这个界定我们可以看出，思想政治教育目标必须依据一定的主、客观条件来制定，而且只有通过思想政治活动中教育者和受教育者的共同努力，才能得以实现。我们来进一步分析思想政治教育目标中所包含的内容。

首先，在思想政治教育目标的实施过程中，思想政治教育的主客体即教育者和受教育者所处的地位和发生的作用是不同的。其中教育者负责制定和执行思想政治教育目标，并且还要根据目标实施的具体情况适当的调整或者改变目标，他们在目标的实施过程中处于主导地位，因此对目标的实现会产生相当大的影响，而受教育者则在目标实施的过程中处于被动的地位，他是目标指向的对象，但是受教育者具有主观能动性，他在思想政治教育目标的实施过程中能够发挥自己的主观能动性，通过自己积极的努力，能动地参与到目标的实施过程中。

其次，思想政治教育目标具有一定的时间尺度和空间领域，也就是含义中所说的社会的客观要求。因为不同的客观历史条件、不同的时间长短和不同的覆盖范围，其中思想政治教育目标的价值和意义都是不一样的，所以思想政治教育目标必须符合社会发展的客观要求。

再次，思想政治教育目标要涉及思想政治教育的内容和方法。我们进行思想政治教育活动必然涉及思想政治教育的内容和方法，思想政治教育目标预示了思想政治教育活动未来发展的方向，规定了思想政治教育的内容，同时思想政治教育的内容又反过来体现着思想政治教育目标。

最后，思想政治教育方法是实现思想政治教育目标的手段，因此要实现思想政治教育目标就不能不谈及其内容和方法。思想政治教育目标是思想政治教育者通过科学预测期望达到的效果，制定目标最终就是要落实到目标的实现上来，我们进行科学预测就是希望看到能够获得在目标制定时期望达到的效果，这是思想政治教育目标价值的最充分的体现。

综上，思想政治教育的目标，就是教育者根据社会的要求与人发展的要求，通过思想政治教育活动，使受教育者的思想品德、心理素质、人格行为实践等方面在一定时期内所要达到的预想结果。生命教育与思想政治教育之间在基本目标与本质内容上是一致和高度统一的。真正树立起生命教育的基本理念，实现对于生命之本体的逐步回归，并在此基础上进而认识和解读生命的本真意义，是生命教育工作的根本宗旨，也是当前我国高校思想政治教育的基本价值追求。

第三节　生命教育与思想政治教育的契合

高校思想政治的教育是为了帮助学生完善思想观念、政治观念和道德规范，使学生不断提高思想道德素质和科学文化素质，最终成为全面而自由发展的人。所以，在高校思想政治理论课程中渗透生命教育，其目标在于强化大学生的生命意识，引导大学生树立正确的价值观和政治取向，使其更加珍惜生命、尊重生命，同时，通过生命教育来实现满足学生成长的内在需求的目标，增强学生的学习主动性，促进学生德智体美劳的全面发展。

高校思想政治理论课程中渗透生命教育，主要是以教育为主要手段，将生命作为核心，对学生的整个生命活动进行教育，引导学生更加深刻地认知生命、尊重生命，使之增强对生命的热爱感，从而达到提升生命质量、获取生命价值的目的。在大学生中开展生命教育，让学生更加关怀生命状态、追求生命活力，从而更好地感受生命的意义，焕发出生命的光彩。高校思想政治理论课程教育的重要目标之一就是增强学生对生命的关怀意识，它不仅是指对生命个人的关心，更是对人生态度、生命价值的引导，通过生命教育的开展，帮助学生完善人格尊严，丰富内心世界，使之充满生命活力。思想政治理论课程与生命教育的目标是相互融合的，它们都在寻求个体生命的完善发展。

一、基本理念一致

马克思认为："人的本质是一切社会关系的总和。"① 生命教育最终的落脚点在于人，强调被教育者从认识人生命的自然规律入手，在了解中认识生命的价值，进而形成生命与自我—生命与社会—生命与自然的价值框架，再通过知识的摄取建立起鲜活的生命价值观，最终达到教育人、感化人、培养人的目的。高校思想政治理论课程教学改革的初衷也是建立在将高度理论化的知识转化为生命个体可以吸收的营养，达到自我完善的理想高度，同样也是立足于生命个体。因此，可以说，生命教育与思想政治理论课程的教育以不同的路径践行着相同的教育理念。

生命教育的本质是以人为本，体现于关怀生命、引导生命、提升生命的教育节奏中。思想政治理论教育的本质也是以人为本，通过世界观、人生观、价值观的引导和培养来实现塑

① 中共中央马恩列斯著作编译局．马克思恩格斯选集［M］．北京：人民出版社，1995.

造人、发展人、完善人的教育目标。生命教育是让受教育者从认识人的自然生命特征入手，从生命的自我体验中了解生命的价值，珍惜生命，并进而认识生命与自我、生命与自然、生命与社会的关系，从关怀个体生命到关心他人、关心自然、关心社会，进而使生命个体在实现生命意义的过程中提高生命质量、提升生命的价值。思想政治理论教育也是立足于人，它是从现实的人出发，在人与社会的现实关系中引导个体认识人的价值和人生的价值，其目的诉求包括两个层次，即在发展和优化个体生命的过程中促进理想社会的构建；在建设理性社会的过程中促进个体生命自由而全面的发展。无论两种教育实施的路径有何不同，但其教育的出发点和归宿都是生命个体这一点是一致的。

高校思想政治理论课程与生命教育是辩证统一、相互渗透的关系。首先，它们的教育对象都是人，在教育过程中两者始终贯穿“以人为本”的基本价值理念，都在寻求个体生命的完善发展，即教育主题相一致。其次，高校思想政治理论课程包含了对大学生进行生命教育的目标，因为一切教育都要以生命为基本前提。同时，思想政治理论教育教材中也蕴含着丰富的生命教育资源。再次，两者相互促进、彼此渗透。一方面，用马克思主义理论武装学生的头脑，可以引导和帮助学生形成科学的世界观和方法论，以此来正确认识和改造客观世界。在此过程中，学生不断加深对生命的认知、不断拓展生命的内涵，从而实现自己的人生价值。另一方面，生命教育中的生命蜕变思维有助于学生对自我生命价值进行反思，使得高校思想政治理论教育具有更大的作用和现实意义。最后，高校思想政治理论课程为实施生命教育提供了有效平台。党和国家历来高度重视大学生思想政治教育，明确要求办好高校思想政治理论课程。结合新形势，教育部门对高校思想政治理论课给予了大力支持，无论在组织上还是指导思想上，都有助于开展生命教育活动。

大学生生命教育与思想政治教育都是社会主义教育事业的重要组成部分。大学生生命教育旨在通过自然生命教育、精神生命教育、社会生命教育，引导大学生树立科学的生命观，正确处理好与个人、与他人、与集体、与社会之间的关系，探索生命的价值，追求生命的终极意义，具有高度的契合性。概括起来，主要有以下三点：

第一，大学生生命教育与思想政治教育在教育目标上具有契合性。大学生生命教育的目标是培养尊重生命、敬畏生命、热爱生命，探究生命价值，追寻生命意义的人。思想政治教育的根本目标是培养德智体美劳全面发展的社会主义建设者和接班人，这与我国发展的现实需要和未来发展方向紧密相连。思想政治教育是为人民服务，为中国共产党治国理政服务，为巩固和发展中国特色社会主义制度服务，为改革开放和社会主义现代化建设服务的。马克思认为，未来的社会是一个更高级的，以每个人全面而自由发展为基本原则的社会形式。大学生生命教育和思想政治教育都是马克思主义关于人的全面发展学说的深度沿袭和高度继承。由此看来，两者在教育目标上具有高度的契合性。

第二，大学生生命教育与思想政治教育在教育内容上具有渗透性。大学生生命教育强调主体性、审美性和完整性。生命教育的主体性即是激发大学生生命的能动性、独立性、创造性和超越性；生命教育的审美性即是引导大学生不断感受生命之美，体验生活之美，体会世界之美；生命教育的完整性即是帮助大学生协调好自然生命教育、精神生命教育、社会生命教育三者的关系，使其自由、全面、和谐的发展。因此，大学生生命教育不仅仅强调个人的自我发展和提升，更是追求更高层次的生命价值即对他人、对社会，对国家的职责、贡献和担当。思想政治教育倡导全心全意为人民服务的共产主义道德，坚持集体主义价值观，体现广大人民群众的根本利益，旗帜鲜明地引导广大学生自尊、自信、自立、自强，提高大学生的政治觉悟和思想道德水平，为实现中华民族伟大复兴的中国梦而不懈奋斗。因此，两者在教育内容上具有较强的渗透性。

第三，大学生生命教育与思想政治教育在教育功能上具有较大程度的重合性。生命教育是由家庭、学校、社会三方合力完成，以“以人为本”的教育理念为前提和基础，可以更为准确地理解为“以人的生命为本”，是一种直面人的生命的教育。思想政治教育是为了教育人、优化人、培养人，也是立足于人的教育。它秉持“以人为本”的原则，在教育过程中立足于学生、围绕学生、关照学生、服务学生，肯定学生的价值、重视学生的作用，充分调动学生的积极性、主动性和能动性，让他们成为有理想、有道德、有知识、有纪律的优秀青年。大学生生命教育的主要功能是让学生充分感受到生命的无价和可贵，能够直面生命中的机遇与挑战，培养生命责任感，树立坚毅的生命品格，增强为社会、为祖国贡献的热情。由此看来，两者在教育功能上存在着较大程度的重合。

二、价值取向交融

生命教育贯穿的基本理念是生命关怀，包括生命的现实关怀和生命的终极关怀。在现实关怀中，生命教育首先肯定生命存在的价值，强调生命在人的价值体系中有着最高的地位，只有珍爱生命，才能成就自己，引导学生认识生命的重要，从而自觉珍爱自己的生命。在生命的终极关怀中，生命教育从个体生命体验中引导学生对他人生命、对自然界中所有生命的关爱；在自己与他人、自己与社会的关系中认识生命是一种责任和承诺，要对自己、亲人和社会负责；强调个体生命的社会价值对社会的意义，引导生命个体在多为他人、社会（包括为自然生命）多做有益的事以提升人生的意义。

生命关怀一直是生命教育的基本理念，生命教育充分肯定人的价值，强调以正确的价值取向引导学生，使学生拥有主动探索的时间和空间，促进学生身心全面的、自由的健康发展①。思想政治理论教育同样强调对生命的关怀，尽管形式上偏向以唯物辩证法让学生掌握生命价值和意义，但两者都共同指向最崇高的目标，即对生命的终极关怀。

思想政治理论包括对生命的现实与终极关怀。在生命的现

① 薛可，余明阳. 人际传播学［M］. 上海：同济大学出版社，2007.

实关怀中，首先强调人的自然生命是一切经济、政治、文化等一切社会精神活动的前提，满足生命生存的物质和精神需求的活动是社会的基本活动，因此人是否获得自由和全面发展的社会环境是评判现实社会及其社会运动合理性的唯一标准；在生命的终极关怀中，思想政治理论是以唯物辩证法引导学生对人生价值和生命意义的认识，体现于对人生命的有限与无限，个体的物质生命和精神生命、生命个体价值与社会价值等一系列矛盾的揭示和理论阐释中。

大学生生命教育的对象是新时代社会主义的建设者和接班人。2018 年 7 月 2 日，中共中央总书记、国家主席、中央军委主席习近平在中南海同团中央新一届领导班子成员集体谈话并发表重要讲话，他强调："青年一代有理想、有本领、有担当，国家就有前途、民族就有希望。代表广大青年、赢得广大青年、依靠广大青年是我们党不断从胜利走向胜利的重要保证。中华民族伟大复兴的中国梦终将在一代代青年的接力奋斗中变为现实。新时代的青年工作要毫不动摇坚持党的领导，坚定不移走中国特色社会主义群团发展道路，紧紧围绕、始终贯穿为实现中国梦而奋斗的主题，让广大青年敢于有梦、勇于追梦、勤于圆梦。"① 大学生生命教育致力于培养探寻生命价值、寻求生命意义的人。当下，培养大学生勤学、修德、明辨、笃实，爱国、励志、求真、力行，坚定马克思主义信仰，树立共

① 习近平：代表广大青年赢得广大青年依靠广大青年 让广大青年敢于有梦勇于追梦勤于圆梦[EB/OL]. 党建. 中国共产党新闻网.(2018 -07 -03)[2021 -09 -15]. http://dangjian.people.com.cn/n1/2018/0703/c117092 -30106333.html.

产主义的远大理想，艰苦奋斗、勇于创新，具备伟大创造精神、伟大奋斗精神、伟大团结精神、伟大梦想精神的大学生已是新时代对大学生生命教育的新要求和新作为。因此，大学生生命教育直接推进了我国思想政治教育的育人战略与育人格局。

习近平总书记在全国教育大会上指出："党的十九大从新时代坚持和发展中国特色社会主义的战略高度，作出了优先发展教育事业、加快教育现代化、建设教育强国的重大部署。"思想政治教育是我国教育事业的特色，也是我国教育事业的优势，是一项事关中国特色社会主义事业后继有人、国家长治久安的战略工程、铸魂工程、固本工程。因此，思想政治教育同中国的教育事业一道面临着实现现代化的宏伟目标。大学生生命教育可以协助思想政治教育完成"解疑、释惑"的功能和职责。大学生生命教育为学生"解"的是生命终极意义的疑虑，"释"的是生命终极价值之困惑，具有很强的针对性、前瞻性和创造性，它贯穿于思想政治活动的始终。因此，大学生生命教育对推动思想政治教育走向现代化具有重要影响。

三、逻辑起点相同

生命教育和思想政治教育两者之间存在着密切的联系，后者的开展是在前者的基础上进行的。思想政治教育倾向于在受教育者拥有较高的自我控制、自我激励、自我监督、自觉自为能力的基础上才能达到对受教育者的精神引领。要实现这样的目标，需要以受教育者的健全人格、身心健康、精神独立为前提条件。而生命教育则从生命本身出发，引导受教育者由自身向他人、小我到大我再到社会与国家的教育方法，更有利于培养受教育者的健全人格，更能使受教育者认识到生命的珍贵和价值，从而在人生的旅途中积极作为。由此说来，思想政治教育要想取得预期的教育效果，必须先对受教育者进行必要的生命教育。

立德树人是高校思想政治教育的根本任务。思想政治理论课程的教学应该遵循“以人为本”的原则，通过思想政治教育教学，帮助大学生成为德才兼备的高素质人才。生命教育以其独有的教育形式，强调生命节奏的完美契合，形成一种教育合力。传统的思想政治理论教育忽视的正是这种契合，过分强调经济学意义上的“理性人”的假设，而面对精力充沛、思维活跃的当代大学生，这种教育模式凸显出的矛盾更是显而易见的。因此，思想政治理论教育需要借鉴的正是生命教育理念强调的，让受教育者在不同的阶段去接触不同的情感和生命体验，使鲜活的知识扎根于受教育者的心中，从而培养出一代代有理想、有责任、有活力的国家栋梁。

高校思想政治理论课程中的生命教育是指教师以生命发展的规律为原则，有目的、有计划、有组织地引导学生更加完善的认识生命，增强其对生命的热爱程度，使之更加珍惜生命、尊重生命并且增强对生命的敬畏感。通过生命教育的开展，让学生更加关注生命的整体发展，充满生命活力，健全自身的人格，完善大学生的个性，增强大学生的智慧。这一过程的实施将使高校思想政治理论课程更加高效率、高质量的进行。

当前新时代的定位，要求我们精准地把握思想政治教育的内涵、目标任务和关键对象，也要在化解矛盾、创新方法、探索路径等方面做出积极应对。在新的世情、国情、党情、民情背景下，在夺取中国特色社会主义伟大胜利的过程中，会涌现出各种理论问题和实践问题，在这些重大的时代课题面前，思想政治教育应为其提供重要的理论支撑和智力支持。党的十九大围绕实现“两个一百年”奋斗目标，对经济建设、政治建设、文化建设、社会建设和生态文明建设等提出明确要求，在这样的背景下思想政治教育所面临的新问题是其改革与创新的重要突破口。大学生生命教育本质上就是做人的工作、做教育人的工作、做培养人的工作。它不仅是一个理论问题，更是一个实践问题。大学生生命教育本身就是思想政治教育的重要组成部分，加强大学生生命教育的理论和实践工作对于推动思想政治教育的改革与创新具有重要意义。

四、成才成人统一

思想政治教育的目的不能仅仅局限于把受教育者培养成为具有正确的世界观、人生观、价值观和具有良好品德素养的“栋梁之材”，还应该使之成为具有丰富内心世界、独立人格尊严、巨大生命潜能以及充满生命活力的活生生的人。因此，思想政治教育总是意味着对个体生命的引导与超越，同时又是以个体生命本身的存在为基础，指向个体的内在生命，指向与个体生命深层的密切关联，指向个体生命的规划与升华。在现实生活中，如果思想政治教育脱离人的生活世界，进行教条的、抽象的原则和规范的灌输与说教；不将教育过程置于具体的生活情境中，而是片面地追求干巴巴的、冷冰冰的、基本的和普遍的思想政治观念、道德规范和道德律令，思辨的理性的知识性传授和能力性训练，那么，思想政治教育就会逐渐地远离人的现实生活。①

“生命作为教育的基础，生命的价值是教育的基础性价值，生命的精神能量是教育转换的基础性构成，生命体的积极投入是学校教育成效的基础性保证，人是教育的对象，教育成为生命的教育，才能真正找到教育的归宿。”② 思想政治教育的重要任务是帮助人们发现、追求与构建生命意义，要真正做到这一点，思想政治教育的主张和行动就必须回到个体生命本身，回到个体生命本身的特性、所处的生存环境和当下状态，回到个体生命的体验和具体而现实的活动之中，回到他们在现实生活中遭际的事件中来。因此，只有进行生命教育，尊重生命、关爱生命，揭示生命的意义和价值，思想政治教育才能真正回到本真，回归生活世界。通过在教学过程中对人类科学生理知识的普及和推广，引导学生认识生命、感知生命、敬畏生命、珍爱生命，对自我生命不断地认同和欣赏；通过对人的生命价值的诠释，引导大学生树立正确的世界观、人生观、价值观，践行社会主义核心价值观，为实现“两个一百年”奋斗目标、实现中华民族伟大复兴的中国梦而勤奋学习、努力

① 陈飞. 论思想政治教育与生命教育的契合［J］. 思想教育研究，2011(11).

② 冯建军. 生命与教育［M］. 北京：科学教育出版社，2004.

工作。

生命教育不是一个固定的课程科目，因此在内容的组织和设计上，应该重视大学生思想政治教育的整体性及与学习生活之间的关联性，将问题与人串联在一起，并且要把日常生活中人、事、物的每一个机缘，适当地融入日常教学活动当中。这不仅包括融入高校思想政治理论课程结构之中，也包括融入教育教学生活之中，不仅以内容的方式融入，也包括方法方式上体现生命关怀。

虽然我国生命教育的理论和实践工作起步较晚，但近年来，随着我国生命教育融入高校思想政治理论课程结构的理论和实践研究的不断深入，生命教育的实践方法和实施路径得到了进一步的丰富和创新。以生命教育体验活动作为高校思想政治理论课程教学的重要载体，是当前大学生思想政治教育的重要创新路径。体验是生命过程中的主观感受、主观经验及主观情感。生命体验是通过自我感知、体验生命，进而产生生命情感的过程。通过游学的方式，引领学生体验自然之美；通过去医院参观新生儿，引领学生感受生命之美；通过诗词、歌曲的鉴赏，引领学生体验艺术和人文之美；通过学术论坛，引导学生感悟学术之美；通过励志榜样召开讲座，引导学生感悟奋斗之美，在成人成才上相互统一，焕发出生命活力。

第三章　生命教育融入高校思想政治理论课程结构的内涵和外延

生命教育是思想政治教育体系的有机组成部分。思想政治教育可以借鉴生命教育的理念与实践，其教育的主张与行动必须回到个体生命本身，以个体生命为逻辑起点，走生活化与人性化的道路，完善思想政治理论课程教学的目标设计，整合其教学内容。① 为了提高思想政治教育的有效性和针对性，可以在高校思想政治理论课程教学过程中渗透生命教育，努力实现思想政治理论课程中生命教育理念的创新、教学模式的创新，提高教师人文关怀意识，积极开展生命化教学。将生命教育有机融入高校思想政治理论课程结构，可以帮助和引导大学生牢固树立尊重生命、关怀生命和珍惜生命的意识并形成科学、正确的生命价值观。

---

① 陈飞．论思想政治教育与生命教育的契合［J］．思想教育研究，2011（11）．

第一节　高校思想政治理论课程的结构

2020年12月，中共中央宣传部、教育部下发了关于印发《新时代学校思想政治理论课改革创新实施方案》（以下简称《方案》）的通知，提出大学阶段开设“思想政治理论课”必修课程和选择性必修课程。大学阶段“思想政治理论课”必修课程分本科课程、高等职业学校专科课程、硕士研究生课程、博士研究生课程等四个阶段。

本科课程开设“马克思主义基本原理”“毛泽东思想和中国特色社会主义理论体系概论”“中国近现代史纲要”“思想道德与法治”与“形势与政策”等五门课程。高等职业学校专科课程开设“毛泽东思想和中国特色社会主义理论体系概论”“思想道德与法治”与“形势与政策”等三门课程。硕士研究生课程开设“新时代中国特色社会主义思想概论”课程。博士研究生课程开设“中国马克思主义与当代”课程。

大学阶段“思想政治理论”必修课程的四个阶段存在一定的递进关系。本科课程是高等职业学校专科课程的递进版，硕士和博士研究生课程是本科课程的递进版。本科课程是大学阶段的中心课程，是主要层次。高校思想政治理论课程的结构，主要是指本科课程结构，即“马克思主义基本原理”“毛泽东思想和中国特色社会主义理论体系概论”“中国近现代史纲要”“思想道德与法治”“形势与政策”等五门课程。其中，

"形势与政策"是相对变化的动态课程，"马克思主义基本原理""毛泽东思想和中国特色社会主义理论体系概论""中国近现代史纲要""思想道德与法治"是相对稳定的静态课程，对于培养大学生的思想政治素质分别担负着不同的价值使命。弄清这五门必修课程之间的结构关系，是实现这一使命的认识论前提。

高校思想政治理论课程结构是指组成高校思想政治理论课程系统的各门课程及课程之间的客观、稳定关系所构建而成的体系。"马克思主义基本原理""毛泽东思想和中国特色社会主义理论体系概论""中国近现代史纲要""思想道德与法治""形势与政策"这五门必修课程就是这一结构系统中的五个基本要素，是主要矛盾的主要方面，是问题的关键所在。这五个基本要素之间的结构主要有层次、数比、时间和空间的关系。

一、高校思想政治理论课程的层次结构

高校思想政治理论课程因层次关系而构建的结构就是层次结构。层次关系是由要素的内在质决定的。要素的内在质决定各要素具有不同的性质、地位和作用，从而使要素之间体现出一定的层次关系。笔者认为，在新课程体系中这五门必修课程都具有不同的性质、地位和作用。概括起来，"马克思主义基本原理"课程是基础，"毛泽东思想和中国特色社会主义理论体系概论"课程是重点，"中国近现代史纲要"课程是主线，"思想道德与法治"课程是落脚点，"形势与政策"课程是

方向。

“马克思主义基本原理”课程是基础，是指“马克思主义基本原理”所进行的马克思主义立场、观点、方法教育，可以为其他课程的学习奠定坚实的理论基础，提供科学的世界观和方法论指导。

“毛泽东思想和中国特色社会主义理论体系概论”课程是重点，是因为“毛泽东思想和中国特色社会主义理论体系概论”课程的教学内容是马克思主义普遍原理同中国不同时期社会实际相结合产生的理论成果，这些与时俱进的马克思主义理论成果是中国特色社会主义现代化建设的具体的、直接的指导思想。大学生对这门课程的掌握程度，不仅关系到大学生对时事政策和社会现实问题的理解和判断能力，而且关系到大学生对实现中华民族伟大复兴的信心和对党的信任。所以，“毛泽东思想和中国特色社会主义理论体系概论”成为新课程体系的重点。

“中国近现代史纲要”课程是主线，是说“中国近现代史纲要”课程的主要教学内容以历史为线索，勾画出近现代中国人民选择马列主义、选择中国共产党、选择社会主义的历史根源的主线。

“思想道德与法治”课程是落脚点，是说“思想道德与法治”课程立足于帮助大学生树立正确的世界观、人生观、价值观，培养德智体美劳全面发展的社会主义建设者和接班人。这一目标也是全部高校思想政治理论课的落脚点。

“形势与政策”课程是方向，是说“形势与政策”课是高校思想政治教育的重要内容，是提高大学生综合素质、开阔胸怀视野、增强责任感和大局观十分重要的方面，为培养大学生健全的人格保驾护航。教育要面向未来。新时代，高校要根据大学生思想与学业实际，以丰富生动的内容和学生喜闻乐见、灵活多样的方式积极开展形势与政策教育，让大学生在“活着”的同时还要“活得有意义”，让大学生及时准确地了解国家大事，使党和国家的方针、政策在大学生中入脑入心，让大学生对得起“时代宠儿”这个称号。

综上所述，这五门必修课程各有侧重，功能互补，虽然具有不同的地位和作用，但是不能替换，缺一不可。

二、高校思想政治理论课程的数比结构

高校思想政治理论课程因数比关系而构建的结构就是数比结构。新课程系统各课程之间应该具有恰当的比例关系。课程之间的数比关系主要体现在教学内容上。各门课程的教学内容组合成一定的教学体系，而教学体系的科学构建又必须依托科学的理论体系。尽管这五门课程目前理论体系还在继续完善中，但是每门课程所依托的理论体系的内容是丰富的、巨大的。在大学教学时间有限的条件下，高校思想政治理论课各门课程应该包括哪些内容，不包括哪些内容，哪些内容详细，哪些内容简约等，这些数比关系的确定是一个复杂且重要的问题。

中共中央宣传部、教育部下发了关于印发《新时代学校思想政治理论课改革创新实施方案》（以下简称《方案》）规

定："马克思主义基本原理""毛泽东思想和中国特色社会主义理论体系概论""中国近现代史纲要""思想道德与法治""形势与政策"分别为3个学分、5个学分、3个学分、3个学分、2个学分。其中，允许各高校根据本校学分与学时之间的对应关系来分配新课程的总课时数和各门课时数；规定全国各高校统一使用"马工程"编写的教材，设定了统一的教学内容。并且各门课程的教学计划由各高校自定，教学内容的详略裁剪由教育者自审。这种刚性与柔性相结合的数比关系的规定，一方面为当代大学生在校接受系统的马克思主义理论教育提供了时间上的有力保障，另一方面也照顾到了各高校的差异性，有利于促进各个方面积极组织主观力量和客观力量来贯彻实施《方案》。

三、高校思想政治理论课程的时间结构

高校思想政治理论课程因时间关系而构建的结构就是时间结构。这里的时间关系是指五门课程在教学环节中的排课顺序。科学合理的排课顺序是保证高质量实施《方案》的一个重要方面。而排课顺序要科学合理，就要既体现马克思主义理论的逻辑层次关系，又符合当代大学生学习和掌握思想政治理论的一般认知规律。一般来说，"形势与政策"从大一到大三都要开设，主要是通过融入"思想道德与法治""中国近现代史纲要""马克思主义基本原理""毛泽东思想和中国特色社会主义理论体系概论"的课程知识，以专题讲座的形式上课。基于此，笔者认为，这五门必修课程排课的时间先后顺序应当

是："思想道德与法治＋形势与政策"（大一上学期）、"中国近现代史纲要＋形势与政策"（大一下学期）、"马克思主义基本原理＋形势与政策"（大二上学期）、"毛泽东思想和中国特色社会主义理论体系概论＋形势与政策"（大二下学期和大三上学期）。这样排课主要有以下两个方面的原因：

第一，这样的排课顺序符合大学生由浅入深、由具体到抽象地接受知识的认知规律。以"思想道德与法治""中国近现代史纲要""马克思主义基本原理""毛泽东思想和中国特色社会主义理论体系概论"课程相比较而言，"思想道德与法治"课更侧重于联系大学生的生活实际，解决生活中的各种思想困惑，具有较强的实践性和应用性；"中国近现代史纲要"课更侧重于对帮助学生了解党史、国史、国情，具有较强的经验性。这两门课相对比较具体。而阐述马克思主义基本理论及其阶段理论成果的"马克思主义基本原理"课程和"毛泽东思想和中国特色社会主义理论体系概论"课程则相对比较抽象，理论性较强。所以，"思想道德与法治＋形势与政策"（大一上学期）、"中国近现代史纲要＋形势与政策"（大一下学期）、"马克思主义基本原理＋形势与政策"（大二上学期）、"毛泽东思想和中国特色社会主义理论体系概论＋形势与政策"（大二下学期和大三上学期）这样的排课顺序有利于大学生循序渐进地接受思想政治理论教育。

第二，这样的排课顺序有利于各门课程先后衔接，做到前面的教学内容为后面的教学内容奠定基础，后面的教学内容能够深化和提高对前面的教学内容的认识。首先，良好的道德情操是立身之本，自觉的法律意识是成才基础①。“思想道德与法治”课程就是要帮助大学生养成现代中国公民应当具备的基本道德素质和法律素质，而有了做人的基本素质，一个人才有了探索真理和遵守社会规范的基础，才可能做出更高层次的科学的政治观念和信仰的选择。这也就为后继的思想政治理论课学习奠定了基础。其次，旨在对大学生进行中国近现代史、国情教育的“中国近现代史纲要”课程，可以使大学生对“三大选择”（选择马克思主义、选择共产党、选择社会主义）的正确性和历史必然性有一个更深入的理解，这有利于后续“马克思主义基本原理”和“毛泽东思想和中国特色社会主义理论体系概论”的学习，有助于学生理解马克思主义理论及其马克思主义中国化的理论成果（毛泽东思想、邓小平理论、“三个代表”重要思想、科学发展观、习近平新时代中国特色社会主义思想）的形成、发展过程和客观必然性，有助于大学生从历史的角度理解和相信马克思主义理论及马克思主义中国化的理论成果的真理性和历史正当性。最后，“马克思主义基本原理”课程安排在“毛泽东思想和中国特色社会主义理论体系概论”之前，可以为大学生了解和把握马克思主义中国化的理论成果奠定理论基础，也有助于大学生进一步理解马克思主义中国化的理论成果是党运用辩证唯物主义和历史唯物主义进行革命和建设并结合国际环境和时代特征进行理论创新

① 张公信. 理论联系实际是提高思想政治理论教育效果的有效途径［J］. 教育与职业，2007（11）.

的成果，从而更加坚定对马克思主义的信仰、对社会主义的信念，增强对改革开放和现代化建设的信心、对党和政府的信任，为积极投身新时代中国特色社会主义的伟大实践而储备知识，努力学习。

四、高校思想政治理论课程的空间结构

高校思想政治理论课程因空间关系而构建的结构就是空间结构。空间关系主要是指五门课程在空间上的并存关系。高校思想政治理论课程体系中的“马克思主义基本原理”课旨在深入开展马克思主义立场、观点和方法教育，帮助大学生掌握马克思主义的世界观和方法论，从整体上弄清马克思主义的科学内容和精神实质，为理解和把握马克思主义中国化的成果、历程以及运用等奠定理论基础。明显这是一门侧重阐述马克思主义理论原理的课程。“毛泽东思想和中国特色社会主义理论体系概论”课程旨在开展党的基本理论、基本路线、基本纲领和基本经验教育，开展科学发展观教育，帮助大学生进一步掌握马克思主义与时俱进的理论发展成果，是一门侧重阐述马克思主义理论发展历史的课程。“中国近现代史纲要”课程旨在开展中国革命、建设和改革开放的历史教育，帮助大学生了解党史、国史、国情，特别是党和国家当初选择和持久坚持马克思主义的历史背景、历史必然和历史逻辑，确立并增强对马克思主义的信念，是一门侧重阐述马克思主义社会发展历史的课程。“思想道德与法治”课程旨在开展马克思主义世界观、人生观、价值观、道德观和法治观的教育，引导学生树立高尚

的理想情操和养成良好的道德品质，树立体现中华民族优秀传统和时代精神的价值标准和行为规范，是一门侧重阐述马克思主义具体运用的课程。“形势与政策”课程是高校思想政治理论课程的重要组成部分，是当代大学生关注的热点问题，是为了更好地贯彻落实党中央的有关精神，帮助大学生掌握正确分析形势的立场，既要做到“风声雨声读书声，声声入耳”，也要做到“家事国事天下事，事事关心”，在大学生思想政治教育中担负着重要的使命，是一门不可替代的重要课程。

“思想道德与法治”“中国近现代史纲要”“马克思主义基本原理”“毛泽东思想和中国特色社会主义理论体系概论”“形式与政策”这五门必修课程之间蕴含着一种紧密的内在逻辑演绎关系，围绕理论，形成了空间上的并存与序列。表示如下：理论原理—理论发展—理论历史—理论运用—理论新发展。马克思主义本是一个整体的理论体系，五门必修课程只是从不同的角度来阐释它，并共同致力于形成大学生整体的马克思主义观，所以有些重叠是必要的、不可避免的。但是，五门必修课程之间又具有明显的逻辑关系，其各自知识的切入点或者角度是不同的。

总之，高校思想政治理论课程体系包摄五类基本的结构关系，每一重结构关系都对课程的实施提出了特殊的要求。然而，课程体系又具有整体性，五重结构关系同时集聚于课程体系之中，因此，五门必修课程应该按照“理论原理—理论发展—理论历史—理论运用—理论新发展”的逻辑演绎，刚性规定与弹性空间相结合的数比关系，呈现“思想道德与法治

+形势与政策”“中国近现代史纲要+形势与政策”“马克思主义基本原理+形势与政策”“毛泽东思想和中国特色社会主义理论体系概论+形势与政策”的空间排列顺序，循序渐进地传授知识给大学生，以帮助大学生树立整体的、历史的、实用的马克思主义观。

第二节　生命教育融入高校思想政治理论课程结构的内涵

生命教育融入高校思想政治理论课程结构的内涵，就是指思想政治理论课程在教学过程中，通过在层次、数比、时间和空间等结构要素中进行合理安排，把生命意识、生命安全、生命价值等内容等渗透到“思想道德与法治”“中国近现代史纲要”“马克思主义基本原理”“毛泽东思想和中国特色社会主义理论体系概论”“形势与政策”这五门必修课程的教学内容中去，将生命教育与思想政治教育结合起来，帮助学生认识生命、珍惜生命、尊重生命、热爱生命，获得生命存在的最大意义与价值，从而实现高校思想政治教育“立德树人”的根本任务。生命教育融入高校思想政治理论课程结构的内涵侧重创新教育理念、丰富教学内容、改变教学方法和聚焦教学目标。

一、创新教育理念，培养生命意识

教育的本质是生命教育，其核心在于教育理念。叶澜认为，“教育是直面人的生命、通过人的生命、为了人的生命质量的提高而进行的社会活动，是社会中最体现生命关怀的一种事业。”① 生命是教育的原点，教育是生命发展的重要推动手段，因此，教育应当发挥出推动生命发展的重要作用。② 生命教育核心目标是通过生命管理让每个人都能展现出生命的亮点，最终实现自我价值。③ 生命教育融入高校思想政治理论课程，首先是要求思想政治理论课程的教师创新教育理念，把生命教育的内容渗透到思想政治理论课程的教学内容和环节中，引导学生珍爱生命、尊重生命、敬畏生命、感恩生命。

高校思想政治理论课程是开展大学生思想政治教育的主渠道，首要目标是要帮助大学生培养生命意识，因为对生命的敬畏和保全是我们开拓人生价值、升华生命意义的基础和前提。生命意识是全体社会成员具备的最起码的意识，是我们每个人对生命存在及其意义的一种认识与理解。生命意识是一种人类特有的“自觉意识”，有别于“动物本能”生命的认识感受；它是主体在有明确诉求的情况下，对生命的一种“主观认识”。生命意识主要包括“生命存在意识、生命感知意识、生命责任意识、生命价值意识和死亡意识”五个方面。

目前，培养大学生生命意识，应改革创新思想政治教育方式，将生命意识教育贯穿于思想政治教育的全过程，在思想政

① 叶澜. 教育理论与学校实践［M］. 北京：高等教育出版社，2000.

② 冯宝颜. 创新教育理念　感悟生命真谛［J］. 赤子，2015（01）.

③ 王骞. 生命教育融入高校思政理论课教学的探索［J］. 课程教育研究：学法教法研究. 2019（11）.

治理论课程教学过程中，引导学生树立正确的生命观，从而提升大学生的生命质量。培养大学生生命意识可以从四个方面来把握：

第一，大学生对生命存在的认识。生命存在是最基本的存在形式。只有生命存在了，我们才有资格论人的需求和发展等其他问题。倘若生命不存在，再多的物质堆集，再高深的思想境界，也只会给人以不切实际的感觉。每个人都是独特生命的个体，人的生命只有一次，不可逆转更不可复制。大学生应该知道生命来之不易，要懂得关爱自己以及其他一切生命体。

第二，大学生对生命价值的认可。对于生命而言，最大的赞美莫过于“价值”二字。尽管“价值”二字并无特别，但用它来形容生命，却能给人以无限的想象。因为心中有爱，懂得感恩，大学生才能够去拥抱并接纳生活所给予的一切。生命的价值不惧岁月的荏苒，纵然韶光易逝，而生命价值却在阅历的沉淀中永垂不朽。大学生要在学会珍惜生命的同时主动创造生命的价值。

第三，大学生对生命情感的体验。大学生基于对自我生命的感知，来调控自己良好生命行为的养成。只有爱自己，为自己而活，才是对生命的最大尊重，才能全心去感知这个世界的美好。大学生由内而外地渴望生命，体验对生命充满热情、希求、抱负的感情。这种情感不是一蹴而就的，而是情感与体验的慢慢沉淀，是大学生从骨子里散发的生命魅力。大学生应该从当下、从即刻开始热爱生命、欣赏生命。

第四，大学生对死亡意识的思考。死亡意识是人作为生命的主体对死亡的理解与态度，是每个生命个体都存在的普遍意识。所有人都会面临死亡，换句话说，死亡是公平的，是不可避免的。大学生要明白死亡是生命必须经历的过程，谅解生命的不完美，要以平静的心态对待死亡，学会面对。加强对大学生生命意识的培养力度，让他们对生命有一个科学、完整的自我认识。

二、丰富教学内容，回归全人教育

生命教育是教育的一种价值追求，其内涵基本上是由“生命”决定的，所以，应该从生命的特征以及生命存在的领域来探讨生命教育的内涵。从一定意义上说，生命教育彰显了道德伦理并体现了思想价值的水平，生命教育就是一种关爱生命、关注人生价值的思想政治教育。生命教育的目的，就是要提高受教育者关爱生命的思想道德水平。生命教育可分为生命意识教育、生存能力教育和生命价值升华教育三个层次，包括生命安全、生活态度、生命观、世界观、人生观、价值观等教育内容，与现代思想政治教育的目标与内容有许多一致的地方。① 因此生命教育融入高校思想政治理论课程结构，不仅丰富和拓展了思想政治教育的内容，而且创新了思想政治教育的形式与方法，使得思想政治课堂教学更加贴近生活、贴近实际、贴近生命的本真与本质。

在教学过程中，思想政治理论课程的教师要充分挖掘生命

① 肖川．生命教育的三个层次［J］．基础教育论坛，2012（18）．

教育资源，用生命教育去丰富、充实思想政治理论课程的教学，使教学过程更好地契合生命的节奏，以丰富多彩的生命价值，赋予高校思想政治理论课程既鲜活又深入人心的内容。可以从以下几个方面来丰富生命教育的教学内容：一是加强自我认识教育，也就是要正确认识自己。大学生往往因为人生目标模糊、理想与现实的差距，不能给自己一个正确的定位。通过自我认识教育，帮助大学生建立清晰的自我概念，同时对自己的角色产生认同感。二是加强责任意识教育。生命就是一种责任，承担和履行这种责任的过程，就是探求生命价值的过程。要引导大学生努力承担责任，使自我生命在承担责任中绽放光彩。三是加强生命价值观教育。教育大学生树立积极进取、乐观主动的人生态度。教育大学生学会创造自己的生命价值，摆脱物质化的、功利化的价值追求，更多地注重自身精神的提升，不断地追求人生理想，服务他人，服务社会，只有这样才能够真正实现人生的价值。四是加强理想信念教育。可以结合大学生成长成才过程中遇到的实际问题，结合大学生的学业、工作、生活、就业、情感等常见问题，将理想信念教育的内容细化、生活化，引导大学生认清自己所担当的时代责任和历史使命，明确自己的奋斗目标。

从最根本的意义来说，生命教育乃是一种全人教育，它涵盖了人从出生到死亡的整个过程和这一过程中所涉及的各个方面，既关乎人的生存与生活，也关乎人的成长与发展，更关乎人的本性与价值。全人教育是以促进学生认知素质、情意素质全面发展和自我生命价值实现为教学目标的教育。在思想政治理论课程中渗透生命教育，是回归全人教育的重要途径，必须契合“以个人的全面和谐发展”为根本的教育理念。坚持“以人为本”的教育理念，学生不能只是机械地学习技能、接受知识，而是将学生变为课堂的主体，教师作为指导者与参与者，将思想政治理论课程营造成师生共同促进、共同成长的乐园，充分地唤醒每一个生命的生命意识，开发每一个生命的生命潜能，增强每一个学生的生命活力，提升每一个学生的生命境界，让每一个学生都能自由地、充分地、最大限度地实现自己的生命价值，教师要充分承认并尊重学生学习的主体地位，教育教学应成为师生之间平等对话与交流的过程，要引导学生建立主动探索的学习方式，尊重学生的精神自由，让学生体验生命价值，为学生创造一个和谐、舒适、充满生命活力的成长环境。

三、改变教学方法，注重生命体验

生命是一切教育的出发点，生命个体的全面和谐发展是教育的终极目标。生命教育是一种以人为本的教育，它把生命作为教育的原点，使教育尊重生命的需要，完善生命的发展，创造生命的价值并提升生命的意义，教人珍爱生命，学会保护生命，教人感悟人生的意义，追求人生的理想与幸福，追求至“善”至“美”，使生物学层面的个体生命真正转化为文化学层面上的独立的、有尊严的、以人为本的、自由的价值主体，即成为大写的“人”。[①] 在高校思想政治理论课程的教学中，

① 左玉霞. 生命价值教育［M］. 北京：同心出版社，2009.

教师要改变单一的灌输式教学方法，通过方法创新，做到“目中有人”，用心去教学，用情去育人，用自身积极的生命体验、感悟、人生去引导学生，用生命激活生命，用生命温暖生命，用生命灿烂生命，这样才能吸引、感化、激励学生。生命教育不同于简单的知识教育，在进行教学活动时需要正确地选择和应用，才能体现主体参与的开放性和互动性强的教学方法。

思想政治教育绝不能与现实生活相脱节。思想政治理论课程是高校进行思想政治教育的“主渠道”。上好思想政治理论课，必须用好课堂教学这个“主阵地”。但是在实际开展思想政治教育的过程中，还是需要将思想政治理论课与现实生活相结合，使得大学生思想政治教育更加具有时效性和针对性。思想政治教育必须创新教育教学模式，应从现实生活本身出发，直指人心。因此，生命教育融入高校思想政治理论课程结构，也应改变教学方法，注重生命体验，理论联系实际，联系现实生活，在教学过程中适当地加入当下有关生命价值的时事热点，对典型的案例进行重点剖析，以引起学生对生命价值的深层次思考与认同。

生命教育不仅是传授知识、技能的教育，更是一种触及人类灵魂的教育。雅斯贝尔斯认为：“善与恶只有在人对它的生命意义和自我存在的深切体验中才能区分。”① 体验是生命教育的根本方法。生命的主体只有在体验过程中才能理解与把握

---

① 方朝晖. 重建价值主体［M］. 北京：中央广播电视大学出版社，1993.

生命的意义，生命就是不断地体验，这是培养学生生命意识最直接的方式。这就要求高校思想政治理论课程要紧密结合实践教学，组织学生参加各种社会实践活动，如通过参观考察爱国主义教育基地，可以帮助大学生了解社会、认识国情，提高对生命意义和价值的认识；磨炼意志，砥砺品格，坚定理想信念，增强历史使命感和社会责任感。通过参观劳教所、戒毒所等场所，用残酷的事实来教育大学生树立正确的价值观与健全的法律意识。[①] 还可以通过组织公益活动，使大学生更加关爱残疾人、孤寡老人和特困家庭等群体，让学生了解社会的疾苦，并学会对他人的关爱，形成正确的生命价值观，从而更加懂得珍惜现有的生活，体验自己生命的存在意义，感受对生命的领悟。

实践证明，在当前的教学环境下，生命教育融入高校思想政治理论课程结构，需要采用多元化的教学方法，如说服教育、情感陶冶、角色扮演、案例讨论以及实践锻炼等方法。这些方法在提升大学生对生命的认知、体验和践行等方面具有不可忽视的作用。事实上，这些方法很少单独使用，因为不同的方法有不同的特点。在实际教学中，高校思想政治理论课程的教师应以一法为主、多法相辅，针对不同的教学内容，设计适宜的教学方法，使教学内容更贴近学生的现实生活；使教学方法更遵循生命的节奏，让教师在与学生平等真诚的交流会话

① 吴伟花. 高校思想政治理论课融入生命教育的对策研究［J］. 山西高等学校社会科学学报，2012（05）.

中，帮助并引导学生主动思考和探究现实生活中的问题，从而将外在理论内化为价值观念。

四、聚焦教学目标，促进全面发展

高校思想政治理论课程的教学目标是培养大学生正确的世界观、人生观、价值观，落实高校“立德树人”的根本任务。“三观”教育实质就是生命真谛的探究。在高校思想政治理论课堂教学中渗透生命教育，包含两个层面的目标，一是感性层面的生命教育，即认识生命、珍爱生命，使学生懂得尊重生命、保护生命，使个体具有强烈的生命意识，要求大学生能够珍爱自身生命，在遇到强烈打击或挫折时，能够及时调节自己的心态，懂得珍爱自己，勇敢面对，不轻言放弃；二是理性层面的生命教育，即欣赏生命，理解生命价值，追求美好的人生，提升生命质量，要求大学生不断进取，充分发挥自己的主观能动性，去创造自己的生命价值，活得有追求、活得有意义、活得有价值。

高校思想政治理论课程的教学是师生精神维度的对话，是师生之间进行的一种生命与生命的交往与沟通的过程，也是师生互长、共同进步的过程。必须站在生命的高度，用动态生成的观点看待课堂教学。课堂教学是师生中一段重要的生命经历，是他们生命意义的构成部分。从生命的高度来认识，课堂教学就不再是刻板的僵硬的模式，而是师生共同步入的一种审美境界，一种生动形象的充满情感的、充满智慧的、充满变化的教育艺术，是生命的对话，是情感的互动。真正创造性的教学活动，应该是师生共同生命的投入，相互影响、相互启发、相互发现、相互撞击，师生的创造潜力都在教学过程中得到激活与发挥，达到共同的精神愉悦与自由。

课堂教学的目标应全面体现培养目标，促进学生的全面发展，不局限于认识方面。课堂教学是教育的基本途径，是教育活动的重要组成部分。开展生命教育，离不开课堂教学。生命教育的课堂教学目的具有一定的稳定性，促进学生的全面发展是生命教育的价值追求之一，这一价值追求在课堂教学中表现为“课堂教学应以促进学生全面发展为教学目的”。因此，生命教育的课堂教学不仅要促进学生认知的发展，也包括情感、态度、价值观、各种能力以及个性的发展；不仅应该关注知识的有效传递，还要考虑学生的全面发展。总之，它要培养出德智体美劳全面发展的社会主义建设者和接班人。

第三节　生命教育融入高校思想政治理论课程结构的外延

生命教育融入高校思想政治理论课程结构的外延，是指在“思想道德与法治”“中国近现代史纲要”“马克思主义基本原理”“毛泽东思想和中国特色社会主义理论体系概论”“形势与政策”这五门必修课程的教学过程中，要求思想政治理论课的教师秉承生命教育理念，在完成教学任务的前提下，同时根据思想政治理论课程的教材内容和学科特点，结合生命教育的内容，交叉渗透相关知识点，自觉、有序、有意、有机地将生命教育融入教学目标，开展生命化教学，在教学过程中引导学生认识生命、尊重生命、探寻生命的价值和意义，让课堂教学焕发生命活力，把课堂教学打造成师生共同经历的一段生命旅程和生命体验，让生命教育和思想政治教育发挥最大合力。生命教育融入高校思想政治理论课程结构的外延侧重在落实国家政策、提高教师素质、深化课程改革和完善教育机制。

一、落实国家政策，重视生命教育

大学时期是大学生人生社会化的关键时期，也是人生发展任务繁重、心理冲突尖锐、心理动荡剧烈的时期。当前，大学生生命安全问题已经成为社会和媒体热切关注的焦点。从教育的角度看，大学生生命安全出现问题是在开展大学生思想政治教育过程中对大学生人文和生命关怀不够导致的结果。大学生生命安全出现问题不仅关系到自身的前途和命运，也势必关系到整个社会乃至整个国家能否健康发展。

加强大学生的生命教育势在必行。有学者明确指出，生命教育应该纳入高校思想政治教育课程体系。作为大学生思想政治教育的主渠道，高校思想政治理论课堂教学应该引导大学生认识生命、尊重生命、敬畏生命，帮助大学生成长，实现生命的价值。2010 年，中共中央、国务院颁布的《国家中长期教育改革和发展规划纲要（2010—2020 年）》正式提出“要重视安全教育、生命教育、国防教育、可持续发展教育”，生命教育首次被写入国家教育发展的纲领性文件，这为我国生命教育的顺利开展颁发了“准生证”，第一次把生命教育作为国民教育的重大主题之一。

生命教育融入高校思想政治理论课程结构是落实国家教育规划纲要的迫切要求。大学生是国家的未来，民族的希望，肩负着实现中华民族伟大复兴的重大历史使命。这要求大学生具备健康的身心、健全的人格、高尚的品质，因此迫切需要为他们构建和谐美丽的精神家园，给予其理性的终极关怀。我们应树立以人为本的教育理念，重视生命教育，将生命教育融入大学生思想政治教育的工作实践中，努力探索在高校思想政治理论课程教学过程中融入生命教育的有效方法和途径，对学生谆谆教导、耐心诱导、细心引导、疏通开导、因势利导，以爱育人、以心育人、以情育人，促进大学生的和谐发展和阳光成才。

二、提高教师素质，充实生命底蕴

教育是民族发展的灵魂，教育的发展有赖于教师。传统意义上的教师承担着“传道、授业、解惑”的职责，承担着教书育人的社会责任，但是随着科技的发展和社会的进步，教师这一职业又有了新的内涵。教师教书育人不仅仅是谋生的一项手段和工具，还是一种直面生命、提高生命质量的社会实践活动。教师良好的师德、师风更是展现学校精神面貌的重要方面，是构建和谐教育、建设一流特色高校的基石，也是影响培养高质量人才的根本。

一般来说，教师素质主要是指教师专业文化素养。提高教师素质是教育发展的必然要求和趋势。教师专业文化素养是指个人所具备的知识水平、道德素养、社会修为能力，以及对社会生活、工作、学习中所表现出来的应变能力和所体现的价值观念等。教育的目标是要培养健全的人格，生命教育作为教育生命力的重点，更是代表了教育发展的方向。教师专业文化素养的提高，有利于生命教育的有效实施与开展，是更深切认识生命、提高生命认知的前提与保证。只有这样才能透过书本的知识深入学生的生命层面，更好地向学生传授生命感悟，使学生知晓生命的价值与意义。

教育是培养各种专门人才的一种社会活动，应该在充分考虑个体生命特殊性的基础上去尊重生命。因此，高校生命教育在开展的过程中要符合当代大学生的特点，符合时代发展需要，综合一切可利用的资源，采取“多元一体、一体多面”的教学方法，将学校、家庭和社会的力量统筹在一起，共同协调、关注学生生命的成长。教师的职责不应该局限于传道、受业、解惑式的教育，在当前的世界形势及社会教育的环境下，生命教育最好的施行方法就是在各学科上进行多元一体综合、有效的渗透，以提升生命价值来推进素质教育。从实际出发，引导认识、尊重和珍惜生命，提升生命价值；同时注重人格教育的培养，在生理、心理和伦理上得到和谐的发展，使学生的综合素质得到全面提高。

三、深化课程改革，关注生命意义

高校思想政治理论课程是以马克思主义为指导，以社会主义意识形态为导向，向学生传授在意识形态领域占主导地位的理论及思想体系的学科，是对大学生进行思想政治教育的主战场，是帮助大学生坚定理想信念，树立正确世界观、人生观、价值观的重要途径。课程的特殊性要求我们从“以人为本”的教育理念出发，“始终坚持以生命关怀为核心，把关怀生命、关注生活和提高学生的生命和生活质量当作思想政治理论课程教学的中心、出发点和基础”①，在向学生传输政治理论的同时，更重要的是要通过教学为其成长和成才提供精神关怀，让德育的价值诉求经历个体的生命体验和认同之后内化为稳定的文化心理结构。因此，生命教育融入思想政治理论课程的研究，必须结合“以人的发展特别是作为教育对象的具体的个人的和谐发展为根本”的教育理念，深化课程改革，这是生命教育融入高校思想政治理论课程的基础和保障。

在 2007 年的大学生生命教育高峰论坛上，就有专家指出，生命教育应该被引入高校思想政治理论课程中，以引导学生关注生命的意义。同时，将生命教育融入高校思想政治理论课程也是充实其内容，更新其教学观念，深化教学改革的需要，规避高校思想政治理论课程中存在地位边缘化、教学形式化的错误倾向。高校和相关政府职能部门可以推动高校思想政治理论课程进行一定程度的改革，把生命教育的内容纳入其中，发挥生命教育在大学生思想政治教育中的重要作用。

2016 年，习近平总书记在全国高校思想政治工作会议上

---

① 戴世琴. 高校思想政治理论课渗透生命教育的对策研究［D］. 南宁：广西民族大学硕士学位论文，2009.

强调："要坚持把立德树人作为中心环节，把思想政治工作贯穿教育教学全过程，实现全程育人、全方位育人，努力开创我国高等教育事业发展新局面。思想政治工作从根本上说是做人的工作，必须围绕学生、关照学生、服务学生。"① 以学生为中心，关注学生的生命，遵循学生成长的规律，是高校思想政治工作前行的方向。作为高校教育工作者，关注更多的是课堂体验，而与知识课堂相对而言，生命教育课堂在重视知识与技能的基础上，更加关注学生的生命发展，重视学生的情感、意志和抱负等健全人格的培养，使学生的可持续发展有了可持续学习愿望作为其基础和保证。所以"知识课堂向生命课堂的转向是课堂教学改革的必然发展趋势，也是当前新一轮课程改革的焦点问题"。现阶段，我国高校开设生命教育显性课程的趋势日渐明显。

四、完善教育机制，焕发生命活力

（一）整合资源共享的保障机制

高校生命教育的保障机制，归根结底，是将各种与生命教育活动有关的要素有机地结合在一起，形成系统的结构，并建立起一系列的制度和规范。高校生命教育资源的整合与共享，是通过构建统一的教育纲领和课程标准，实现组织保障；通过

① 习近平. 习近平在全国高校思想政治工作会议上的讲话 [N]. 人民日报，2016-12-09 (01).

开发各高校的现有教学资源和社会资源来实现资源保障；通过对生命教育的师资培训和家长、社会工作者的配合，形成队伍保障；通过进一步贯彻全国高校思想政治工作会议文件精神，培养德智体美劳全面发展的社会主义建设者和接班人，不断加强人文关怀和心理疏导，着力培育师生理性平和、积极向上的健康心态，以及新制度、政策的保障等。这一系列的保障，从政府、学校和社会等方面，把生命教育资源整合在一起，是高校生命教育可持续发展的坚定基石，为高校生命教育的开展与实施提供全方位的保障，使生命教育能够规范、有序地进行，最终实现人生的价值，让生命绽放光芒，充满活力。

（二）强化协抓共管的监督机制

监督机制是指对生命教育发展与运行过程中规则的监管和教育督导，是一种对生命教育终身化实施全过程监督的手段，也是提高生命教育质量的有力保证。在设立多种生命渠道的监管方式的手段下，健全问责机制，建立完善的高校责任体系，明确分工与责任的落实，确保生命教育的有效实施。并通过对课堂教学运行机制、教学质量、实践以及生命成果的转化的监控与督查，形成一个上下联动、共建生命的良好发展态势，构建出有效研究、掌握教育监督机制和督导制度的工作平台，促进生命教育质量的提升。通过统一的行动纲领和合理的资源分配，把生命教育切实地落实到每个生命体上，让生命成为一道美丽的风景线。

（三）提升多元管理的育人机制

多元化的育人既是一种教育理念，也是教育的一种号召。主要是指在生命教育的过程中，运用多种手段与方法，对教育的拓展与深化，以促进学生生命的健康成长。生命教育经过近年来的发展与实践，已取得了一定的成果，但也存在不足之处。生命教育实效性的提高，必须全面贯彻与落实多元化管理的育人机制，以创新谋求发展。主要体现在：第一，创新课堂教育，增加生命的体验，针对个体发展的异同，寻求符合个体特征的教育方式；第二，充分利用各种社会资源，建立生命教育的实践基地，组织学生参与社会实践，开拓生命视野，提高学生认识生命、参与实践、融入社会的综合能力；第三，加强学校、社会和家庭的联系，构建生命关爱的网络，使生命教育形成发展的合力。通过多元管理手段，营造出积极的生命教育氛围，达到生命质量的升华，为社会主义事业的发展提供人才保障，为和谐社会的构建奠定基石，让生命焕发出无限活力。

第四章　生命教育融入高校思想政治理论课程结构的原则与意义

2019 年 3 月 18 日，习近平总书记在学校思想政治理论课教师座谈会上强调：“思想政治理论课是落实立德树人根本任务的关键课程。”高校思想政治理论课是思想政治教育的主渠道，担负着引导大学生构建生命意义、实现自我生命价值、促使个体全面发展的使命，其作用不可替代。俗话说：“先成人，后成才。”生命教育是老师以培养学生生命价值观为目的开展的教育教学活动，引导学生对个体生命价值和生命意义进行能动的思考，学会认识生命、珍惜生命的意义，形成尊重生命、敬畏生命的价值观念，促使大学生与自己、与他人、与社会、与大自然之间建立和谐的发展关系。生命教育融入高校思想政治理论课程结构是贯彻以人为本的教育理念，促进高校思想政治理论课高质量发展的必然要求。

第一节　生命教育融入高校思想政治理论课程结构的原则

生命教育融入高校思想政治理论课程结构的原则，是指在高校思想政治理论课上开展大学生生命教育时应当遵循的基本准则。这些基本准则体现了落实党中央关于新时代高校思想政治理论课教育教学的基本要求，不断加强思想政治理论课的建设，践行生命教育理念的根本要求。从高校思想政治理论课程融入的角度进行大学生生命教育，要坚持融入导向的政治性、融入目标的全面性、融入结构的合理性、融入方式的创新性、融入动力的内源性和融入评价的科学性原则，完善教师队伍、丰富课程内容、创新教学方法、提升教学效果、提高教学质量，不断增强大学生在思想政治理论课的获得感。

一、坚持融入导向政治性

2016 年 12 月 7 日至 8 日，全国高校思想政治工作会议在北京召开，习近平总书记在会上作了重要讲话。他指出，高校思想政治工作关系到高校培养什么样的人、如何培养人以及为谁培养人的这个根本问题，并强调：要坚持把立德树人作为中心环节，把思想政治工作贯穿教育教学全过程，实现全程育人、全方位育人，努力开创我国高等教育事业发展新局面。因此，生命教育融入高校思想政治理论课要坚持融入导向政治性原则，对“三个根本性问题”作出回答。高校思想政治理论课需要怎样的生命教育？生命教育如何融入高校思想政治理论课程？生命教育融入高校思想政治理论课是为谁服务？

从生命教育的国内外研究历程来看，国外是基于教育学、心理学、哲学等学科，从不同的学科视角和不同的维度对生命的价值与意义、生与死的关系、生命过程等生命教育理论进行了相关的研究。国外研究开展的时间较早，研究内容较为丰富。美国在20世纪20年代开始从生死关系的角度开展生命教育研究，如赫尔曼著有《死亡的意义》，华特士著有《生命教育》等。在学校课程中有专门开设与践行生命教育理念相关的课程，并且组建了相关专业协会。日本在20世纪70年代开始逐步在学校开设生命教育相关专门课程，并通过主题教育的形式加强大学生生命教育。澳大利亚成立了“生命教育中心”等相关非政府组织，开展以生命至上为特征的大学生生命教育研究。英国建立了主辅结合的生命教育课程体系，在设置专门的公民教育、个人社会和健康教育课的基础上，以渗透模式开展大学生生命教育，使学生多角度、多方面提升对生命的认识，形成了以“公民教育”为核心的大学生生命教育研究。德国把生命教育渗透到爱国主义教育及民族意识、民族精神等方面的培育，其生命教育呈现出“从善良出发，关爱生命”的特点。[①] 国内研究中，中国传统的哲学蕴含着对生命的思考，但是关于大学生生命教育的专门性研究起步相对比较晚。

① 蒋少容. 当代大学生生命价值教育研究［D］. 上海：上海大学硕士学位论文，2017.

作为生命教育研究的后来者和学习者，一方面我们需要借鉴西方国家先进的生命教育模式和经验。任何一个国家的生命教育理论都是在其历史的土壤之上建立和发展起来的。全部照抄照搬西方的生命教育理论内容和融入模式，并不一定适合我国的国情。我们需要依照我国的历史条件、文化传统和具体国情，从我国高校和大学生的实际情况出发，尊重生命教育的内在逻辑和生成规律，在学习借鉴外国先进的生命教育理论的同时进行创新研究，继承而不守旧，借鉴而不照搬，进行本土化改造，逐步形成有中国特色的生命教育融入思想政治理论课的道路、模式以及方法。实际上，我们现在也有着充分的教育自信。经过这么多年以来高校思想政治教育的理论发展和道路实践，我们完全可以创造有中国特色的模式，将生命教育有效融入高校思想政治理论课程，开创出一条符合中国实际、具有中国特色的思想政治教育发展的道路。

另一方面，生命教育的融入也需要真正扎根在中国大地上，立足自身国情做好生命教育的融入。生命教育融入高校思想政治理论课的根本目标是为党育人、为国育才。融入的出发点始终是为了党和国家事业发展的需要，即引导大学生朝着党和国家需要、社会发展需要的方向成长发展。基于对当前高校思想政治理论课程特质的分析，扎根中国大地，坚定文化自信，才能形成有中国特色的生命教育理念，才能培养出党和国家需要的优秀人才。通过有中国特色的生命教育融入高校思想政治理论课程，不断提升思想政治教育的质量，增强大学生对生命价值的责任意识，才能使其成为具有担当精神的社会主义建设者和接班人。

二、坚持融入目标全面性

当前我们正处于中华民族伟大复兴的战略全局和世界百年未有之大变局的历史交汇关键时期，高校人才培养的质量关乎大学生成长成才，也关乎国家和民族的命运。2020 年 12 月，中共中央宣传部、教育部颁发了《新时代学校思想政治理论课改革创新实施方案》，提出高校思想政治理论课的目标在于不断增强大学生的使命担当。这是对新时代中国高等教育目标的细化。对应当前思想政治教育改革发展的要求，高校思想政治理论课的建设目标不只是一个点，也绝非只是一个面，而是系统的、立体的、全面的目标体系。因此，生命教育融入高校思想政治理论课的建设目标也应当突出整体性、系统性和全面性。融入目标应当与中国教育现代化相适应，为实现中华民族伟大复兴的中国梦固本强基，应该具有中国特色和世界影响力。融入的目标要能彰显更多的机会、更优的品质、更佳的体验和更强的力量，以实现思想政治教育高质量的发展。

融入的总目标要能提供更多的机会。更多的机会是从数量和结构两个方面衡量的，即包括对不同类型高校的目标要求，对不同区域高校的目标要求，对不同学科专业学生的目标要求等。生命教育融入高校思想政治理论课程的总目标结构上要进行再设计和再规划，应当尊重需要的特殊性，让有需要的大学生能在高校思想政治理论课上接受生命理念教育，并提供给大学生更多的选择机会，让大学生能根据自己的需要，选择接受不同类型、不同方式的生命教育形式，以获得对自身生命价值更好的认识，实现个体高质量的发展。

融入的总目标要能体现更优的品质。在教育现代化发展的新阶段，高校思想政治教育要适应教育高质量发展的需要，高校思想政治理论课程的质量要放在第一位。因此，生命教育融入高校思想政治理论课程意味着相关的课程建设、教材建设、教师队伍建设、教学过程建设、培养模式以及培养体系建设等方面都要强调高质量的目标，以体现融入目标的更优品质。

融入的总目标要能实现更佳的体验。更佳的体验强调的是学习过程的体验，要使大学生能在高校思想政治理论课中快乐地学习。基于大学生兴趣开展的学习活动是创新驱动力生成的基础。大学生对高校思想政治理论课程的兴趣点与其专业、社会需求、知识背景等因素存在关联性。结合专业特色相关因素，找到大学生对生命教育融入高校思想政治理论课程的兴趣点，是合理规划融入目标和高校思想政治理论课教学目标的前提。以大学生兴趣点为基点，构建生命教育融入课堂实践教学与课外实践教学的体系，能提高高校思想政治理论课程的实效性。① 融入总目标的再设计要考虑到优化高校思想政治理论课"教与学"的体验。一方面，使学生在课程学习中充分发挥其个人潜力，释放其创造力。另一方面，使老师在高校思想政治理论课的教学指导中能够更加的自主和有效。

---

① 刘喜珍. 基于大学生兴趣点的思想政治理论课实践教学研究［J］. 文教资料，2011（21）.

融入的总目标要能彰显更强的力量。即融入的总目标应全面考虑到接受高校思想政治理论课程体系教育教学人才的产出是否能支撑国家经济和社会高质量的发展，是否能应对全球科技竞争和人才竞争的白热化。因此，融入总目标的再规划也要在宏观上考虑到社会经济发展对人才的需要。

三、坚持融入结构合理性

高校思想政治教育最基本和最主要的方式是通过高校思想政治理论课堂教学的形式开展。提高生命教育融入高校思想政治理论课的有效性，关键在于生命教育融入高校思想政治理论课堂的教学结构是否合理。随着国家对学校思想政治理论课程改革创新的不断深化，如何构建生命教育融入高校思想政治理论课堂的教学结构，不断提升课堂时限内的教学质量，让学生获得更为全面的发展，是坚持融入结构合理性原则需要思考的问题。

融入结构合理性原则是指为了促进大学生身心的全面发展和思政课专业老师的专业发展，实现有效果、有效率、有效益的思政课教学，加强生命教育与高校思想政治理论课程内部各组成要素之间的紧密联系，使高校思想政治理论课程中内部各要素的自身组合方式和运行程序合理有效。有效是指有效果、有效率、有效益。有效果对应的是实现融入目标，有效率对应的是融入效果与融入投入的比值，有效益对应的是符合社会的根本需求。生命教育融入高校思想政治理论课程的课堂教学结构受到思想理念和实践经验的双重影响。融入结构是由目标结构、内容结构、问题结构、活动结构和时间结构共同构成的一个整体性结构体系。在这个体系当中，各个结构以目标结构为统领，具有各自的层级属性。同时，为了融入目标的实现，各目标结构也会进行适当的组合与调整，实现与融入目标的精准匹配。

首先根据课程标准、教材内容以及学情分析确立目标结构。接着围绕目标结构的实现，选择生命教育的教学内容。并按学科逻辑和学生认知逻辑组织成内容结构，然后把内容结构设计成一系列具有层次性、符合学生认知规律并促进学生思维发展的问题结构。再根据实际教学条件和学习内容的性质，以问题解决的方式形成活动结构。最后融入课堂教学的时间要素，设计活动结构与基本教学环节的时间结构，形成合理的融入结构体系。① 因此，要使融入结构发挥最大程度功能，彰显融入结构的特性，实现有效果、有效率、有效益的融入，就需要坚持融入结构合理性原则，使各结构体系和各要素之间协同配合融入目标的实现，支撑高校思想政治理论课程的高质量发展。

四、坚持融入方式创新性

如何将生命教育理念适宜地融入高校思想政治理论课程教学，以适应当前思想政治教育改革创新发展的需要，这是生命

① 江雪清. 有效教学课堂结构的内涵、价值与构建［J］. 教学与管理，2021（15）.

教育融入高校思想政治理论课程面临的问题。通过生命教育融入方式的创新，以高校思想政治理论课程特点、教学内容、学生需求以及老师能力为依托，在高校思想政治理论课程导入、节课总结、案例教学、实践教学、师生互动等各个教学环节上创新融入方式，以方式创新为纽带，带动思想政治教育创新发展，实现为党育才、为国育人的根本任务。

首先，融入方式的创新性体现在老师的“教”，即突出老师的主导性，创新老师教学的方式方法。老师在思想政治理论授课的过程中以专题式、启发式、互动式、案例式、研究式等创新方式引发学生对生命价值的深入思考①。如关注新闻媒体上关于大学生漠视生命的相关报道，以及现实生活中一些大学生的错误做法为切入点，进行耐心讲解和启发诱导，以人文关怀为指引，贴近学生的实际，引导学生形成对生命的正确认知，端正人生态度，以健康向上的心态投入到学习和生活中。

其次，融入方式的创新性体现在学生的“学”，即尊重学生的主体地位，创新学生学习的方式方法。尊重学生的主体地位，需要老师对学生下功夫，从关心学生到了解学生再到研究学生。通过对学生了解的不断加深，掌握学生的关注点、疑问点，尊重学生认知、成长的特点和规律。以学生为中心，做好生命理念的教育引导，有针对性地进行教学设计。如通过学生自主讲课、演讲辩论、热点点评、社会调研、经典朗诵等创新

① 柴艳萍．高校思政课教学方式方法改革再思考［J］．思想理论教育导刊，2017（09）．

方式[①]，激发学生学习的积极性，升华生命境界，坚定生命价值自信。

最后，融入方式的创新性体现在技术手段，即新媒体和新技术的创新运用。新媒体、新技术的运用，离不开人员、场地和资金的配套支持。高校要为新媒体和新技术的创新运用提供必要的财力和物力支撑，以完善创新方式所需的配套设施。如基于真实场景创建的生命教育融入思想政治理论课的智慧课堂。创设针对性的与生命相联系的情景[②]，如医院ICU室、烈士陵园、医院产房等，增强大学生的情景体验感悟，让学生在体验和感悟中加深对生命价值的认知，同时有利于引导大学生将生命教育知识迁移到自身所处的现实生活中，陶冶情操，提升生命品格。

五、坚持融入动力内源性

事物发展的根本原因取决于事物内部各要素自身发展以及其矛盾运动变化。高校思想政治教育的高质量发展，在课程日益规范化的基础上，其根本原因取决于思想政治理论课的自觉建设情况。那么，生命教育融入高校思想政治理论课的发展动力，即融入动力的内源性是通过培育激发内生力量，驱动生命教育与思想政治理论课的深度融合。通过融入潜力的深度挖

① 柴艳萍．高校思政课教学方式方法改革再思考［J］．思想理论教育导刊，2017（09）．

② 颜伟红．简析高校思想政治教育与生命教育契合的内容与方法［J］．中小企业管理与科技（上旬刊），2016（07）．

掘，教育资源的共通共享以及教育教学质量和效益方面的再建设，不断推进高校思想政治理论课内涵式发展，从根本上实现新时代思想政治教育高质量发展。一方面，目前关于生命教育已经形成了一定规模和基础的理论研究，为融入动力的内源性提供了主体条件。另一方面，高校思想政治理论课需要以生命教育的有机融入，夯实自身主体性和自觉性的基础建设，以应对外部意识形态可能带来的风险和挑战。这是建设高质量的思想政治理论课以满足人们的教育需要，同时将促使高校思想政治教育工作逐步走向规范化、自主化的高质量课程建设与发展之路。激发融入动力的内源性是以高校思想政治理论课内部建设的重要融入环节为着力点，促使内部各要素有序发展，以及各要素之间关系协调发展。

首先，高校思想政治理论课教师的队伍建设是融入动力中的根本力量。办好高校思想政治理论课程的关键在于发挥教师的积极性、主动性、创造性①。教师是高校思想政治理论课程建设和思想政治教育实施的主体，也是融入发展的引擎动力，承担着开展融入研究、改善融入效果、运用融入技术、引领融入趋势等重要任务。融入动力内源性发展要以高校思想政治理论课程的教师发展需求和不足之处为抓手，提升教师队伍的能力，规范、支持、激励和引导其融入能力的提升，加强教师职业素养，打造出满足融入要求的新时代教师队伍。

---

① 吴晶，胡浩．习近平主持召开学校思想政治理论课教师座谈会强调用“习近平新时代中国特色社会主义思想铸魂育人”贯彻党的教育方针落实立德树人根本任务［N］．人民日报，2019－03－19（01）．

其次，融入过程的基础环节建设是融入动力中的重要力量。融入动力内源性发展要以不断激发融入的课程活力、增强融入的发展动力、推进融入的现实效力为基础，带动融入相关的影响因素协同发展。从融入的课程活力来看，要调动老师的教学情绪，提升老师的教学能力，营造学生主动参与的课程氛围，以激发学生的学习兴趣和学习动力。从融入的发展动力来看，要以生命教育的理论发展以及大学生对生命知识的需求为依据，发挥先进思想的铸魂育人功能，激发融入的内生动力。从融入的现实效力来看，要以生命教育为理论武器，抓好大学生的世界观、人生观、价值观的培育和建设，强化大学生的使命担当，引导大学生健康成长，培养出德智体美劳全面发展的社会主义建设者和接班人。①

最后，理论研究建设是融入动力中的支撑力量。融入动力内源性发展要发挥理论研究对融入性教学的支撑作用。生命教育和思想政治教育理论的不断发展是提升高校思想政治理论课效能的教学保障，一方面促使思想政治理论课教师的融入意识觉醒和教学融入能力的提升，另一方面从人才培养的需要和教育教学发展的需求出发，加深对融入规律以及融入重难点的研究，不断激发融入的内生动力，这是生命教育融入思想政治理论课程的科学发展和自觉建设的前提。

① 王爱莲，康秀云. 高校思想政治理论课内涵式发展的建设合力探析［J］. 广西社会科学，2021（04）.

六、坚持融入评价科学性

高质量是高校思想政治理论课程教学的基本要求。生命教育融入高校思想政治理论课的教育教学质量评价，关系到高校思想政治理论课程建设的内涵发展和质量提升。那么，如何评价生命教育融入高校思想政治理论课的教学质量？如何评价高校思想政治理论课教师开展融入性课堂教学的效力？如何评价大学生在融入教育中的获得感和实践能力？如何评价生命教育融入高校思想政治理论课对教育、经济、社会发展需求的支撑作用？这些都是一些十分复杂却又与高校思想政治理论课程的质量提升密切相关的问题。高校思想政治理论课是由“马克思主义基本原理”“毛泽东思想和中国特色社会主义理论体系概论”“中国近现代史纲要”“思想道德与法治”“形势与政策”等课程构建的课程体系。因此，生命教育融入高校思想政治理论课对应着的是与课程体系的深入融合。每门课程既有着思想政治理论课的共性，又有着其课程自身的独特性。生命教育融入高校思想政治理论课的教学质量不仅受到课堂教学质量因素的影响，还受到外部环境因素的制约。并且生命教育融入的质量评价具有滞后性和隐蔽性，即生命教育融入高校思想政治理论课对大学生发展的作用，不仅包括及时评价和长期评价，还包括显性评价和隐性评价。不同评价主体对融入质量评价的标准也存在着差异性。因此，对融入质量进行准确评估存在着一定的难度，只有找准评价的着力点，才能保证融入评价的科学性。

首先，要坚持定性评价与定量评价相结合。定性评价是从事物本质出发进行的评价，定量评价是从事物发展要素的积累程度出发进行的评价。在高校思想政治理论课中，定性评价体现在大学生主观世界的改造，即是否形成了正确的世界观、人生观、价值观。定量评价体现在大学生主观世界质性变化因素的积累程度，即在塑造世界观、人生观、价值观的过程中，是否实现了量的积累，逐渐认识生命的本质和规律。

其次，坚持过程性评价与结果性评价相结合。在高校思想政治理论课中，过程性评价体现在对学生融入教学过程中各个环节的表现进行的评价。如对融入性教学的态度，参与融入性教学的主动程度，实践能力的提升程度等方面进行评价。结果性评价体现在对学生参与融入性教学中的具体表现进行的评价。[①]

最后，坚持及时性评价与长期性评价相结合。在高校思想政治理论课中，及时性评价体现在对学生课程学习过程中某个时间点的综合表现进行评价。如大学生的生命意识达到了什么阶段，运用生命价值理念分析和解决问题能力的程度等。长期性评价体现在把评价的时间适度延后，给予一个反馈的过程。即学生能在一段时间内发挥自身主观能动性，使学生自己发现、探究自身的差距和不足，引导学生思考、顿悟。

总而言之，生命教育融入高校思想政治理论课程，既引导

---

① 娄本东．思想政治理论课实践教学的评价研究——以“马克思主义基本原理概论”为例［J］．教育理论与实践，2020（04）．

学生认识生命的意义与价值，处理好与自己、与他人、与社会、与自然之间的关系，又促进个人的全面发展，体现了以人为本的教育理念，也是新时代高校思想政治教育内涵式发展的根本要求。只有坚持融入导向的政治性、融入目标的全面性、融入结构的合理性、融入方式的创新性、融入动力的内源性和融入评价的科学性，扎扎实实做好思想政治理论课的教育教学工作，才能不断推进生命教育与高校思想政治理论课的深度融合，推动高校思想政治教育在新时代高质量发展。

第二节　生命教育融入高校思想政治理论课程结构的意义

将生命教育融入高校思想政治理论课程结构，一方面体现了丰富高校思想政治理论课教学内容的必要性。传统高校思想政治理论课的教学内容缺少生活化元素的融入，影响着大学生对思想政治教育内容的多方位理解，不利于充分调动学生深入参与思想政治理论课课堂学习的积极性，思想政治理论课的育人价值无法得以充分实现。通过对生命教育价值意蕴的深入挖掘和多方位分析，能使高校思想政治理论课的育人价值优势得以充分发挥出来；另一方面，体现了对大学生个性诉求回应的必要性。传统高校思想政治理论课课程内容有着一致性，缺少对学生个体因素的针对性回应，无法满足高校进行大学生个性化培养的需要。通过以大学生的实际情况为基础，以生命价值教育为核心，突出生命教育的意义，以合理和有序的方式在高校思想政治理论课程中融入生命价值教育，同时不断加强对高校思想政治理论课教师的思想政治教育理念的调整和更新，以教师的“教”为切入点，通过融入生命价值教育有效激发学生尊重生命、珍惜生命和热爱生命的理想信念，提升大学生对生命的认知与信仰，以发挥思想政治教育的最大合力。因此，生命教育融入高校思想政治理论课程有助于塑造更加丰富和立体的思政课堂，发挥思政育人的最大功效。

一、融入生命教育是高校思想政治理论课程的特殊使命

作为高校思想政治教育的主要渠道，高校思想政治理论课的使命体现在对马克思主义理论的传播。习近平总书记在学校思想政治理论课教师座谈会上明确了高校思想政治理论课教师用习近平新时代中国特色社会主义思想铸魂育人、立德树人的新使命。努力培养担当民族复兴大任的时代新人，培养出德智体美劳全面发展的社会主义建设者和接班人。思想政治理论课是落实立德树人根本任务的关键课程。要全面贯彻党的教育方针，首先必须解决好培养什么人、为谁培养人这一方向性问题。生命教育是塑造生命价值观的教育。高校思想政治理论课是对大学生进行思想教育的主渠道。大学生学习马克思主义理论的目标在于通过理论学习和社会实践，明晰生命的意义，构建关于自己生命意义为何的价值判断，从而为实现自身的生命价值打下理念认识基础。高校思想政治理论课程学习的整个过程必然要体现出对个体的生命关怀。融入生命教育也因此成为高校思想政治理论课程的特殊使命。

第一，融入生命教育是彰显思想政治理论课立德树人使命的必然要求。当前我们处于新时代中国特色社会主义时期，高校思想政治理论课需要顺应新时代发展的要求，担负起为党育人、为国育才的使命，实现立德树人的根本任务。高校实现立德树人根本任务的主渠道就是提升思想政治理论课对大学生世界观、人生观、价值观的塑造力。思想政治理论课的教师要从大学生的实际生活需要和学习需要出发，尊重大学生个体生命成长过程中的个性特征，真正使大学生从蕴含生命教育理念的思想政治理论课程中汲取个体成长所需要的养分。因此，高校思想政治理论课程需从大学生的知识和情感获得，意识和行为转变为着手点，将生命教育理念融入高校思想政治理论课程教育教学的全过程，彰显立德树人的育人使命，提升大学生参与高校思想政治理论课程的积极性，提高大学生的学习获得感。

第二，融入生命教育是提升高校思想政治理论课程质量的迫切要求。高校思想政治理论课程是从大学生意识层面进行的教育，是大学生走入社会的立身之本。大学生要将在高校思想政治理论课程学习获得的马克思主义理论知识运用到现实的学习、工作、生活中，并发挥其指导性功能，这一过程具有长期性和反复性。生命教育融入高校思想政治理论课程能让大学生能够从深层次理解生命的不可再生性和宝贵性，并能够学习爱护自己和他人的生命。在这一学习过程中，学会享受生命的过程以及用心体验生命发展的过程，并不断完善与超越自身的生命价值，同时把自己的热情与社会发展相融合，不断确立积极的人生观，树立为他人、为社会的服务意识，同自然界的一切生命能够形成良好的互动性，通过生命力的集合，使整个社会充满能量与爱心，彰显思想政治课理论课程的育人价值。[①] 因此，高校思想政治理论课程的教师要以大学生的生活实际为立足点，将生命教育相关知识融入思想政治理论课堂的教学中，引导大学生树立健康的人生观，培养具备良好生活理念的人生观。

第三，融入生命教育是高校思想政治理论课程实现铸魂育人任务的根本要求。高校思想政治理论课是高等教育阶段铸魂育人的开篇课，也是大学生踏入社会前的最后一课。思想政治理论课承担着培养社会主义建设者和接班人的重要任务。融入生命教育能有效发挥思想政治理论课的最大功效，具有不可替代的重要作用。生命教育融入高校思想政治理论课程能帮助大学生树立理想信念，满足学生成长的内在需要，调动学生学习的内在积极性，引导学生树立正确的世界观、人生观、价值观，促进大学生做出正确的人生选择，从而实现习近平新时代中国特色社会主义思想铸魂育人、立德树人的新使命。

二、融入生命教育是高校思想政治理论课程的应有之义

人是实践的主体。人在社会实践中首先需要承担的是自我生命成长的责任。大学生个体的生命实践活动是影响个体发展

---

① 良慧娟. 高校开展生命教育的重要意义及方法探究［D］. 兰州理工大学，2014.

由可能转化为现实的决定性因素。① 大学是点化大学生个体生命发展的重要场域。大学教育的根本追求在于使受教育者达成个体的生命自觉，从而掌握自己的人生命运，最终实现人身自由。那么如何拥有生命的自觉？叶澜将生命自觉的形成表达为八个“自”——自明、自得、自立、自强、自持、自勉、自由、自在。自明和自得体现为自我认识，自立和自强体现为志向的确立和强化，自持和自勉体现为实践的把握和努力，自由和自在体现为个体最终达成生命自觉后的存在状态。因此，“人始于自明自得，定于人格确立，坚于自我把握，成于自由自在”，此为生命教育应达到的高度。

高校思想政治理论课程本身倡导构建动态交互作用的思维模式，以提升大学生策划自身发展的能力。这也体现出将大学生自我发展的自觉融入个体生命实践活动中之本义。因此，生命教育融入高校思想政治理论课程，一方面，能拓宽大学生建立对外部世界认识的渠道，是教育对人生命关怀的直接体现。生命教育能使大学生直观的掌握生命的内涵、了解生命的过程、体会生命的价值、明确生命的意义等生命知识，并通过生命认知教育为个体的生存发展提供帮助。另外一方面，生命教育是滋养大学生内心生长，形成个体精神力量的重要手段。生命教育将有助于构成个体自我发展的生命自觉。包含着人在价值取向和道德意义上的自我清晰，发展的自我选择、自我负责

---

① 叶澜．回归突破：“生命·实践”教育学论纲［M］．上海：华东师范大学出版社，2015.

和自我完善，包括人对自己的特长与不足、目前的发展状态、可能的发展目标与前景、人生未来理想的构建与策略选择，以及有方向且坚持不懈地践行与实现等方面。即人能在复杂变化的社会中，因生命自觉的强大而把握自己的命运，过好自己的一生。① 一个人不仅可以清楚地认识自己在做什么、要做什么、该怎么做，还能达到有兴趣、有志向、乐于去创造性地做这件事的程度。生命教育融入高校思想政治理论课程正是通过发挥大学生个体的主观能动性，使个体真正把握自身命运，不仅体现了个体对自己、对他人、对社会和对自然万物的积极态度，也体现了实现自我的生命与社会价值的意义所在。因此，融入生命教育是高校思想政治理论课程的应有之义。

三、融入生命教育是高校思想政治理论课程的内在要求

随着全球化进程的加速和世界多元化趋势，当代大学生应具备良好的身体素质和心理素质，以身心的和谐有序发展应对各种变化，迎接各种挑战。大学阶段是大学生世界观、人生观、价值观形成的关键时期，最需要精心引导和栽培。思想政治教育是大学教育的重要组成部分，思想政治理论课是高校思想政治教育的主渠道，因此，融入生命教育是高校思想政治理论课程的内在要求。

第一，生命教育融入高校思想政治理论课程体现了高校思

① 叶澜，罗雯瑶，庞庆举. 中国文化传统与教育学中国话语体系的建设——叶澜教授专访［J］. 苏州大学学报（教育科学版），2019（03）.

想政治教育新视角的要求。高校思想政治理论课程是为了提升大学生思想政治素质有针对性进行的教育。思想政治教育的价值意蕴通过个体的生命活动得以彰显。大学生自身的生命意识通过其思想和行为得以展现。尊重生命、热爱生命是思想政治教育的根本价值观。当前高校思想政治理论课程开设了“马克思主义基本原理”“毛泽东思想和中国特色社会主义理论体系概论”“中国近现代史纲要”“思想道德与法治”“形势与政策”等五门必修课程。课程的内容较为丰富，其目的是帮助大学生树立正确的世界观、人生观、价值观。但是其中对生命意义的深刻挖掘等生命教育相关的内容却相对较少。生命教育是让大学生思考生命意义为何的学习，体现出大学生身心健康发展的迫切需要。生命教育融入高校思想政治理论课程提供了从单纯审视生命过程到审视生命本身、生命起始、生命终结的新视角，使大学生通过对生命的深入认识引发对生命价值的思考，拓展了大学生对生命审视的视觉维度和时间维度，有利于帮助大学生形成正确的世界观、人生观、价值观。

第二，生命教育融入高校思想政治理论课程体现了高校思想政治教育新内容的要求。把生命教育有效融入高校思想政治理论课程中，将有助于大学生身心的全面发展，帮助大学生在踏入社会之前形成正确的世界观、人生观、价值观，扣好“人生的第一粒扣子”，体现了高校思想政治教育的内在要求。生命教育融入高校思想政治理论课程体现出对生命万物的关怀，即在尊重生命本身的基础上完成自我超越。这不仅出于人生命发展的需要，也出于对教育全过程的认识转变，即生命的自我实现与升华。

第三，生命教育融入高校思想政治理论课程体现了构建思想政治教育课程体系的要求。应发掘所有科学课程的思想政治教育资源，构建全面覆盖、类型丰富、层次递进、相互支撑的课程体系，使各类课程与思想政治课程同向同行，形成协同效应。2019 年，教育部强调积极建设“思政课程 + 课程思政”的大格局。新时代正从深度和广度拓展思想政治教育的课程平台与路径，汇集课程中思想政治教育的有效资源。构建高校思想政治教育课程体系是要使各类课程能够发挥思想政治教育功能作用的课程同向同行、协同共进。① 融入生命教育体现了构建思想政治理论课程体系的全面性要求。在“马克思主义基本原理”“毛泽东思想和中国特色社会主义理论体系概论”“中国近现代史纲要”“思想道德与法治”“形势与政策”等课程形成的思想政治课程体系的基础上，遵照培养德智体美劳全面发展的社会主义建设者和接班人的要求基础上，融入生命教育，将人生教育、人伦教育、人性教育、人格教育、人文教育、人道教育等全面教育融入思想政治课程体系建设中②，实现思想政治课程体系内涵式发展与外延拓展的有机结合。

第四，生命教育融入高校思想政治理论课程体现了生命教

---

① 李亚美. 新时代高校思想政治教育课程体系的生成逻辑与制度保障［J］. 学校党建与思想育，2021（07）.

② 何仁富，汪丽华，李琼瑶. 思想政治教育与生命教育：《思想道德修养与法律基础》融入式生命教育的实践与研究［M］. 北京：中国广播电视出版社，2014.

育现实价值的要求。一是通过将生命教育与思想政治理论课程有效融合，能使高校思想政治理论课程的大框架更趋于完善，同时也拓展了大学生进行思想政治理论学习的更佳的学习体验方式，进而引导大学生树立正确的生命价值观，培养大学生的生命理念，全面发挥思政育人的功效。思想政治理论课程的老师要从理念意识、实践意识等多个角度来认识、开展思想政治教育工作，尊重大学生自身的发展规律。从构建人类命运共同体的高度出发，发挥生命教育的凝聚力和感染力，优化思想政治理论课程体系。二是把握思想政治教育的培养重点，以大学生的具体情况将思想政治理论课程的育人目标进行分解，将生命教育与思政育人有机结合，增加思政教学的新方式，促使学生更好掌握生命价值内涵，并将学习到的思想政治理论知识融入日常的生活实践中。通过融入生命教育，也将从总的层面整合能有效提高大学生思想政治理论学习兴趣的资源，激发大学生学习、理解和应用思想政治理论知识的热情和动力，以大学生内因驱动为抓手，解决当代高校思政育人过程中存在的思想虚化、内容弱化等现象，打造新式高校思想政治理论课程形态。

第五章　生命教育融入高校思想政治理论课程结构的内容和方法

立德树人是教育的根本任务和思想政治工作的中心环节。高校思想政治理论课与大学生生命教育是实现立德树人的两大重要路径。高校思想政治理论课是对大学生进行思想政治教育的主渠道和主阵地，对大学生形成正确的世界观、人生观、价值观具有不可替代的作用。高校思想政治理论课融入生命教育不仅是必要的，而且也是可行的。在教学过程中，应从确立生命教育理念，明确高校思想政治教育的目标，挖掘高校思想政治教育的内容，以及创新高校思想政治理论课程的教学方法等方面，来弥补高校思想政治教育中对生命教育的缺失。

第一节　生命教育融入高校思想政治理论课程结构的内容

开设高校思想政治理论课程的目的不仅是要将马克思主义

理论知识传授给学生，同时应当强化学生的综合能力、自身意志和情感等方面的培养，最重要的则是通过思想政治理论课程的学习，引导学生树立正确的世界观、人生观、价值观，确保学生的身心健康，帮助学生确立正确的思想价值观和人格特征。教育的最终目的是帮助生命得以正常的发展，高校思想政治理论课程的教师必须要拥有生命教育的意识，尊重自然生命，自觉地将生命教育渗透到思想政治理论课程中，有意识的培养学生的生命意识，关注学生的成长经历和成长之路，将学生看作是有情感、有智慧的生命个体来进行教育，同时自身要保持乐观的情绪、积极的生命态度，用蓬勃的活力来感染学生，与学生进行情感交流，沟通自身对生命的体会和情感，让学生充分体验到生活的美好意义，通过更新自身的生命教育理念，来真正实现高校思想政治理论课程的教育目的。

一、尊重自然生命的教育

生命来之不易，对于每个人来说生命都只有一次，生命教育首先要让学生关注自己的生命，身体的健全和心理的健康是提升生命质量的前提。现在的学生大多数都是独生子女，从小娇生惯养，什么事情都由父母代劳，精神上极度匮乏，心理承受能力差，在挫折面前不知道如何有效地调节自己的情绪。在课堂上可以针对这些实际例子来进行教体验教学，开展生命教育。

人的生命是教育的基石，生命是教育学思考的原点。在一定意义上，教育是直面人的生命、通过人的生命、为了人的生命质量的提高而进行的社会活动，是以人为本的社会中最体现生命关怀的一种事业。生命价值是教育的基础性价值，教育具有提升人的生命价值和创造人的精神生命的意义。换句话说，是对生命潜能的开发和发展需要的满足，教育具有不可替代的重要责任，因而生命构成了教育的基础性价值。生命是由不同元素所构成的相互关联的统一体，从静态上来讲，生命是由自然生命、精神生命、社会生命、价值生命构成的整体性存在，这“四重生命”相互联系而又互为因果，促进生命个体与自我、与他人，以及与自然的协调。因此，高校思想政治理论课程要在这“四重生命”领域内探索生命教育的基本内容。

马克思认为全部人类历史的首要前提无疑是有生命的个体的存在，是生物学意义上的自然存在①。自然生命是个体社会实践活动的前提，作为本能性存在方式，是人之为人的基础，脱离自然实存的生命是不完整的。生命首先是自然的肉体存在，因此有不可避免的有限性、脆弱性和唯一性。生命的长度极其有限，死亡乃为生命的大限，正因生命的有限性人们才要更加珍惜和尊重生命的宝贵。生命的有限性既表现在生命在时间长河中发展的单向性，也表现在个体时空存在的不可重复性。生命因其长度有限而越发珍贵，“生有涯，死有期”，生老病死是生命发展的自然规律。生命无法避免从生存必然走向

① 高清海，胡海波．人的类生命与类哲学：走向未来的当代哲学精神[M]．长春：吉林人民出版社，1998.

死亡的单向度的发展路线，生命是唯一的、短暂的，因此要珍惜呵护自然生命之贵。

从一定程度上来讲，任何教育首先是一种基于个体生命基础之上、直面生命，并且以提升个体生命价值为目标诉求的社会实践活动。生命教育融入高校思想政治理论课程的首要目标即要从生命之自然属性出发，引导学生关注和认知生命，认知生命的宝贵，树立尊重自然生命的意识，人生幸福的祈盼必然是要基于对生命存在和对生命的尊重及敬畏基础之上①。在高校思想政治理论课程中渗透生命教育，教师要充分认识到开展大学生生命教育的重要性、任务的紧迫性，让思想政治理论课最大限度地发挥出生命教育功能，帮助大学生健康地成长成才。因此教师首先要尊重每个生命个体，始终坚持“以人为本”，契合学生的生命发展节奏，将鲜活的个体作为教育的出发点；其次要引导受教育者认知生命实存，珍惜个体生存的权利、拥有坚定的生存信念，为实现生命价值奠定基础；最后要正视生命的存在，提升生命意识，认知生命的真谛，积极主动探寻生命的意义和价值。自然生命是个体存在和发展的基础，生命的有限性和唯一性是人类不可避免的事实，因此，培养大学生尊重生命、敬畏生命的生命意识，这是人类生命发展和完善的必然选择。

---

① 储昭奇．思想政治课教学中的生命教育初探［D］．北京：首都师范大学硕士学位论文，2007.

二、拓展精神生命的教育

马克思指出“人是有意识的类存在物”，他强调了人的精神性的重要与价值。人总要追求超越自然生命的精神的存在，摆脱动物般的本能，使得精神生命得到充实和丰盈，生命个体才会有灵魂和灵性。在儒家学者看来，如若人生在世做到“立德、立功、立言”，其精神性生命将流芳百世。人应积极提升精神境界，在自然生命终结时精神生命仍永存于世，此乃生命最高境界，也应是每个人都追求的人生哲学。因此，在高校思想政治理论课程中，要加强拓展精神生命的教育，呼唤和发掘学生深层次的精神价值，形成真善美的人格①。

（一）生命信仰教育

生命信仰是指个体对自我实存、生命价值、生存归宿等命题的最高信念，是个体对于生命的本质把握与升华。从根本上回答了“何以为生”的问题，是人类精神生命的最终依托。信仰寄托着人类的终极关怀，指向生命最高价值的诉求，是主体自我意识与自我超越。作为一种理性化的形式，生命信仰是生命主体对社会存在和价值实践的思想反映，对社会实践具有能动的反作用，之于生命有重要的作用，支撑着生命的力量，人类无法停止对于生命意义和生命信仰的追寻。

从本质上讲，信仰是人的一种自我意识和自我感觉，也就

① 叶华松. 大学生生命教育［M］. 杭州：浙江大学出版社，2011.

是表示信仰是基于生命个体对社会存在做出的价值评判，信仰具有自主性。但是长期以来，人们丧失了信仰的主体地位和精神自由，陷入了构建信仰的迷惘与困惑中。由于信仰主体地位的缺失，终极信仰逐渐演变为远离现实的“虚无”。因此，在高校思想政治理论课上，要注重引导学生慎重选择生命信仰，要符合人类社会发展规律以及生命价值实现的科学规律，坚守国家主导信仰，为生命的发展和完善提供精神支撑和终极关怀，在追求生命信仰的过程中，引导学生走出精神迷茫，并自觉将信仰转化为实践活动的动力。

（二）生命幸福感教育

在马克思看来真正的幸福是主观和客观相统一、物质基础和精神追求相统一、个人幸福与社会幸福相统一，之于人生具有目的性意义。幸福不是远离物质基础而纯粹主观性的存在，是物质基础与主观感受相结合的产物，是在需求对象获得满足的基础之上。对于幸福的追求，不应止于物质层面，真正的生命个体应追求一种自然物欲为基础，而又超越自然物欲的永恒的精神幸福。

恩格斯认为，每个人都追求幸福是无须加以论证的，是人为之人的价值所在。人之所以能够区别于其他物种，是因为人是具有意识和精神，能够感知到幸福和痛苦。能够在生命进程中不断超越肉体生命本身，追求生理满足和精神愉悦，构建生命意义世界、追求生命价值是幸福的真谛。幸福是人对于自身不断的肯定和超越，是每个人所追求和探寻的本质的生存方式和目的，生命的任何实践活动其根本目的都是追求幸福，思想、灵魂、肉体都是生命幸福感的支配者。人的生命活动的本意在于创造幸福，趋乐避苦、追求幸福是人的生存本能。大学生的生命教育其根本意义和终极目标，是在于使生命获得幸福，最终促进人的全面发展，创造幸福是行为目标的最终归宿。因此，要通过价值引导、行为体验教学生提升幸福的层次，培养正确的幸福观，积极投身实践，培养创造幸福的能力。

三、成就社会生命的教育

马克思指出，人的本质是一切社会关系的总和。人是社会性的存在，人的生命不仅属于个体，更属于社会，生命个体只有在社会实践活动中才能实现自身的社会价值。在社会生存中，要与他人、社会、自然和谐相处，将个人发展与社会发展有机结合，丰富社会属性，积极参与社会生活，成就社会生命。因此，在思想政治理论课程中，要加强和谐生命关系教育、生命责任感教育，顺应学科属性，处理好理性知识和感性实例之间的关系，引导学生确立崇高的人生理想。

（一）和谐生命关系教育

所谓生命关系，即生命与生命之间的关系。每个生命都是社会存在物，生命存在于社会关系之中，不可避免地会与其他生命个体发生联系。于生命个体而言，主要表现在人与自我、他人、社会及整个自然的关系。生命关系教育即要引导学生正确处理好与其他生命体之间的关系，促使生命关系的和谐。

教育指向生命成长，在时空的长河里，教育是生命关系连接与传递的枢纽，是思想传承与超越的载体。生命是有限的，教育长河是生生不息的，而和谐是一切生命得以存在的本能趋向，人类需要和谐的生命体系。在高校思想政治理论课程中，要引导学生从珍惜自我生命，扩展到爱护社会乃至整个自然界的生命，尊重丰富多样、多姿多彩的生命形式，心系社会、敬畏自然，促使生命个体达到一种“天人合一”的理想境界。

教育是人类特有的社会活动。教育的这种特有性源于人生命的独特性。人最初作为自然生命体而存在，其要发展成为社会生命体的人，就必须在自然生命体的基础上，获得文化、智慧、道德和人格等生命意识。

教育要引导学生认识和了解生命的意义，从而使他们充实和完善自己的生命。人的教育所关注的不仅仅是人的生存首要掌握的生活知识和技能，而最根本的是人的价值生命的实现，教育在本质上不是一种本能性活动，而是一种价值性活动，是人的生存状态、生活方式、生活质量相关的价值活动等。以人为本的时代，教育期待回归生命。体现教育的本质，把“生命”还给教育，使教育基于生命，生命融入教育，最终使教育成为生命的诗意“栖息地”①。

因此，要加强和谐生命关系教育。首先，引导个体生命与自我的和谐，认知、情感、意志、行为达到有机统一，具有良

① 李川．浅谈教育与生命的关系［J］．中国校外教育：中旬，2009（9）．

好的自我认同和积极乐观的生命态度，个体达到自我认同和自我肯定；其次，促进自我生命与其他生命个体利益与冲突的协调与平衡，培养人文情怀，实现个性化和社会化的统一；最后，引导大学生尊重自然，人是一种自然存在物，作为自然界的一部分，生命与自然休戚相关。

（二）生命责任感教育

责任是生命个体之间连接的内在基础，是对社会道德义务和道德规范的内化。从本质上来讲，生命责任感要求超越个体利益，追求社会价值。生命主体只有将责任作为生存发展的起点，才能在为他人和社会的服务过程中体会到自我存在的价值和意义，找寻到生命的平衡点。个体若丧失了责任感，会导致人片面或畸形的发展，甚至最后沉沦为社会的异己力量。责任是道德存在的意义，是一切道德价值的基础，拥有责任感的个体能够超越个人外在的功利性，自觉抵制违背道德良心的行为，使生命个体变得崇高①。

马克思指出，个人不是独立于外物的存在，而是社会存在物。生命具有个体性，也具有社会性，是社会中的生命个体，任何形式的生命伤害，本质上是对社会不负责任的体现。然而，生活在物质化社会大环境中的青年群体，容易陷入自我关注的怪圈，部分学生忽视对于他人和社会的责任，模糊了个人

---

① 伊曼努尔·康德．道德形而上学原理［M］．苗力田译．上海：人民出版社，2002.

利益与集体利益的普遍性联系，迷失了找寻生命的价值和意义的方向。因此，要加强培养大学生积极的生命责任感，提高大学生践行社会责任的理性自觉。人始终处于社会中，遵循社会规范，扮演各种社会角色，承担国家人的角色，要对国家负责，爱国守法；承担社会人的角色，要与他人、社会和谐相处；承担家庭角色，要孝敬长辈，教育子女。树立远大理想，在对社会的奉献中实现自身价值，成就自我社会生命价值。

四、升华价值生命的教育

马克思认为，人与动物相比有其独特性，他揭示出人存在的“自由的活动”的本质。生命个体不会局限于自然生命，其具有在有限的生存中进行超越的需求。人将自己的生命活动变成自我意志的生命活动，需要靠自身生命活动去不断创造自我。自然生命具有限度，但是在有限的自然生命阶段应当追求无限的生命价值，让生命永恒。因此，要加强生命意义教育、生命价值教育，引导学生超越原有的功利性和工具性取向，升华到价值生命的层面，构建生命意义的世界。

（一）生命意义教育

马克思认为，人是能动的自然存在物。从本质上来讲，人区别于动物的本质性特征是在于人对生命意义的追求和探索。个体实存的价值诉求，是探索生命意义的存在。这正是人独特的生存方式。人在追寻自我生命意义的旅途中，不断促进精神性的生命超越和提升，获得心灵的愉悦和满足。生活需要目标，幸福需要理由，积极追求和探寻有意义的人生，才能够摆脱生命的浮华和物质的欢愉。生命的真谛即在于摒弃自然本能的冲动，基于社会存在追求更高层次的意义，超越有限的自然生命，达到精神的永恒。

当代大学生在面临日益复杂的现代生存环境下，在学习、工作、生活、人际关系等重压下，迷失了生命的意义，陷入“存在性危机”。因此，要引导学生认知人不仅是实体的存在，更是要有生命意义的存在。生命个体要提升自我意识，在“理解自我、超越自我”的过程中发现生命的意义，在社会生命实践中探索并创造生命的意义，追求生命本真的存在，使人的生命存在获得最终根据。

（二）生命价值教育

马克思指出“价值”这个普遍的概念是从人们对待满足他们需要的外界物的关系中产生的①，即一种主客体关系，由此所谓价值即指人在社会实践活动中，客体的存在和属性是以主体的需要为尺度而建立起来的一种客观的主客体关系。作为特殊的价值，生命价值指的是人的自然生命的存在和属性与人和社会建立起来的一种主客体关系，这种主客体关系的肯定价值在于生命客体的属性对主体需要的满足，促进社会的进步以及个体的全面发展。人的实践活动的过程就是创造、完善生命

① 马克思，恩格斯．马克思恩格斯全集第19卷［M］．北京：人民出版社，1994.

的过程，而生命的价值存在于人的对象性活动中。

高校思想政治理论课程中内蕴了丰富的人文精神和生命理想，能够给青少年的生命成长、个人发展、价值观生成等带来很大启示。比如，高校思想政治理论课揭示了人类社会发展的基本规律，阐明了人与人、人与社会的关系，这些对于学生理解世界发展规律、处于人与人关系等提供了重要参考。再如，思想政治理论课阐明了人的本质、人的需要、人的价值等重要问题，提出了人的全面发展、个性成长等问题，这些对于学生理解生命意识、形成生命意识等具有重要意义。[①] 所以，在高校思想政治理论课程的教学中，应当充分挖掘教学内容所蕴含的生命意义、人的价值等生命教育理念，以这些生命教育理念指导或点拨学生，培养学生正确的生命意识和生命追求。比如，在法治和道德教育中应当引导学生遵纪守法，坚守道德底线，珍爱生命价值，以法律和道德为底线实现自己的生命价值。

在创造生命价值的对象性过程中，一方面，个体以社会需求为基准主动进行自我探索，实现主体客体化；而另外一方面，人类创造的生命价值反观自身内在尺度，要不断审视以及超越自我，不断实现客体主体化。生命价值不断创造的过程即是主体客体化和客体主体化双向互动的过程。生命价值作为社会实践的产物，既有可能满足主体需要的人本质力量的对象化，即肯定性价值；又有可能成为支配和否定主体的异己力

---

① 冯建军. 生命与教育 [M]. 北京：教学科学出版社，2004.

量，即否定性价值。因此，要明辨生命价值的本质，在社会实践活动中不断满足主体需要，促进社会和人类进步，完善自我与奉献社会相结合，创造生命价值。

第二节　生命教育融入高校思想政治理论课程结构的方法

在高校思想政治课程中渗透生命教育就是要从学生的实际生活经验出发，以学生为本，教授学生生存技能，引导学生走进社会生活，树立积极正确的人生理想，并以生活为基础去构建具有生命意义的世界。同时教育面对的是人，以人为本，促进人的全面发展，是现代教育的必然要求。生命是人生存和发展的基础，关注生命，培养生命意识，确立以人的生命存在作为教育研究的起点，对于揭示教育本质具有重要意义。

一、树立关注生命的课程理念

这是个剧烈变动的时代，我们可以倾听到社会变革的声音，在经过破坏和反思之后社会必将重建一套更为合理的文化和制度。我们的教育不能再落后于社会的发展，成为社会发展的阻碍。今天的教育更应该在人和社会的发展历程中走在前面，引领人自身和社会的健康发展。今后的学校教育应该围绕“生命”这一主题，以新的视角来思考人的发展，并且在反思现有教育形态的基础上，从生命的视角出发，重新理解我们的教育，组织实施我们的教育活动，进而以生命教育理念整合当前的学校教育改革，形成一股教育合力。学校应将学生作为生命个体来看待，发展尊重每一位学生，保证学生自由、积极、独立、智慧地发展，引导学生思考生命的意义。学校应该较多地关注学生创造性、个性的发展、关注学生整体发展，引导学生热爱生命、关注生命，提升生命高校教师一定要树立关注生命的课程理念。

（一）尊重生命

生命是宇宙创造的奇迹，这个简单的事实应该作为一切的基本点。当我们和任何生命相遇时，都必须有尊敬的心情，不可有玩弄的意图，必须把生命的尊严看作最高价值。也就是说，生命是有尊严的，比它再高贵的价值是没有的，当生命与生命直面时，最基本的伦理应该是相互尊重爱慕，但是现代人的思维方式，现代文化却使人的关系日益异化，人与人更多的是“我—你”的之间关系，在“我—你”的世界中“我”视“在者”为“你”，“在者”是“我”经验与利用的对象，或者是满足自己利益、需要、欲望的工具[①]。这种思维方式在对待物时还可以运用，但是一旦运用到处理人与人之间的关系时，便出现了许多问题。人与人之间不是简单的认识和利用关系，而是更复杂的伦理问题，这个伦理问题的基本始点是人与人之间的尊重和热爱，在教育系统中，我们更希望提倡一种真

① 夏正江. 教育理论哲学基础的反思：关于“人”的问题［M］. 上海：上海教育出版社，2001.

善美的氛围，希望师生之间的有“对话人生”，希望生命对生命产生影响，而不是单一的改造学生。所以，我们提倡人与人之间形成“我—你”的关系，因为在这种关系中，人与人才是真正的平等，才能实现对人的真正尊重，人必定存在于关系之中，尊重是对人的关系状态的一种描述，这种状态在“我—你”的关系中得到最充分的显现。

尊重生命的最好表现就是对生命存在意义的确认。相信自己存在的价值，这是一个人自尊自信的表现。相信别人是有价值的、独特的，是对他人最大的尊重。教师应该相信每个学生都是有价值的，相信每个学生身上都有闪光点，每个学生都有自己的优势和强项是值得被他人尊重的，教师可以将尊重生命的观念做法言传身教给学生，教育学生尊重生命、热爱生命，不仅热爱人的生命并且扩展到自然界，热爱一切生物。

生命之伟大，任何一个生命都需要被呵护与尊重。尊重生命就等于尊重自己，生命的尊严都是平等的。尊重自己的生命，善待自己；尊重他人的生命，善待他人。要本着一颗对生命的敬仰之心，对任何生命的宽容之心，才能做到真正地尊重他人，站在他人的立场之上去珍惜他人的生命，呵护他人的尊严，尊重他人的生命。

（二）完善生命

课堂教学蕴含着巨大的生命力，只有师生的生命活力在课堂上得以有效的发挥，才能真正有助于学生的培养和教师的成长，才能有利于生命的完善。完善生命，一是指完善生命的内涵。二是指完善生命的质量与意义。教育预防的最大的弊病就是“教育者目中无人”，我们要进行的教育改革首先就应该是基于生命发现和生命尊重的“目中有全人”的生命教育。对我们而言，感受生命之重、感受生命之美、发现生命之味、回馈生命之恩都应是教育的使命。启迪智慧，完善生命其根本，恰恰在于“让人性在这里闪光”。

生命的意义在于不断地完善自我。我们每个人来到世上，没有谁是“三头六臂”，因后天的生活习性和完善自我的程度高低不同，造就了不同的人生。那么，什么是完善自我？怎样完善自我？一般来说，完善自我就是要学会控制自己的行为、情绪和欲望。而这也不是一成不变的，由于这些也是由外部因素造成，所以，首先我们必须得有目标，当然，我们要做的事情也必须基于在不违反当下社会法律、不违反道德伦理，心怀坦荡之上。例如，你若选择当一名医生，就不仅需要掌握其相关的专业知识，更为可贵的是要有珍爱生命之心，站在对方的角度去对待每一位病人。你可以说我喜欢医生这个职业，或可以说我的专业知识非常强，但要一直能保持珍爱之心，去体谅对方却是很难做到的，毕竟人是有七情六欲的，那么这就正是需要我们去不断完善自我的之处。总之，我们就是一直在与自己做“斗争”，战胜自己才能为自己所要从事的和已经在从事的社会生产活动做好准备。

人生如梦，岁月如歌。如歌的岁月需要每个人去认真谱写，每个人的“歌谱”最初都是空白的，所以我们才有可能写出自己最独特的乐章。生命不能忍受苍白，总是向往辉煌，所以我们不仅要善待珍惜、尊重生命，更要完善生命，展示激扬的生命。每个生命都是独特的，需要后天不断完善。人的存在先于本质，每个人的丰富性是由自我逐步完成。完善生命意味着生命需要按自身的特性不断生成、壮大和发展。对于每一个学生来说就是逐步形成最优化的独特个性，形成积极、主动的个性化生存方式。教育作为提升生命的活动，应该为生命的完善提供相应的生命资源，创设环境促其发展。只是每首“生命之歌”都各不相同，也不可能替代他人去“谱写”，所以，我们应培养学生独自“谱写”的意识和能力。

生命的意义应当从哲学的“我是谁，我从哪里来，我要到哪儿去”来回答。我是谁？我是爸妈爱情的产物，“我是谁”将是探讨人的心理、人性、人体结构的产生，研究分析学习人体结构学等。关于人性，道教认为人是无欲望的。“我是谁”将是物质与意识的结合，人活着就是身体与意识的结合。还有当人考察自身时意识就是物质。我从哪里来？“我”是世界物质长期变化的结果，达尔文的进化论“物竞天择，适者生存”中有种观点“宇宙是从大爆炸产生的”。关于人的本源，中国有女娲造人，西方有上帝与原罪说。我要到哪里去？关于人类的未来，马克思主义认为将是共产主义。有种观点说阶级是在生产力发展到一定程度但还未充分发展的条件下产生和存在的，未来的社会将是人全面发展的社会。还有种观点说阶级斗争是社会进步的基本动力，这个问题很矛盾，因为人类的意义在于追求平等，不断完善生命，自强不息，止于至善。

二、回归生活世界的课程内容

大学生思想政治教育回归生活世界，是新时期大学生思想政治教育发展的趋势之一，是适应大学生寻求全面发展的需要，也是增强大学生思想政治教育实效性的有效途径。大学生思想政治教育回归生活世界体现在学习、生活、交往等方面。学习是大学生生活的主要任务。教育者要引导学生端正学习态度，培养学生的学习兴趣，挖掘学习的主动性，实现学习上的自我管理。目前大学生思想政治教育应以大学生的实际生活为中心，强调大学生思想政治教育活动应坚持理论性与生活化相结合的原则，注重大学生的生活实践，教学的内容要能及时有效地回答、解决大学生的困惑和难题，使大学生通过自身的学习和生活经验，把握自身的本质和价值，以正确的价值观来衡量和调整个人与社会的关系。

大学生思想政治教育回归生活世界，要联系丰富多彩的实际社会生活。关注大学生的现实生活，重视大学生的主体性，用发展的眼光看待他们，切实解决生活中的困难，积极引导他们过上健康、幸福的生活。比如，当大学生无法应对生活环境的不断变化时，大学生思想政治教育应有针对性地加强对大学生生活的指导，使他们能在高校幸福地生活。又如，当代大学生中独生子女的比例逐渐升高，学习生活压力也比较大，他们很少与别人接触，倾向“宅”的生活，人际交往问题越来越突出，严重影响了大学生的自身发展。教育者应结合教育内容和大学生的实际特点，加强对大学生的交往生活的引导，使他们能享受积极健康的交往生活。

现代西方哲学提出要回归生活世界，强调大学生思想政治教育与生活世界要相结合，反对二者相背离。大学生思想政治教育要正确认识和把握大学生的生活世界，密切联系生活世界，关注大学生的实际生活经验。对于当代大学生而言，他们更多的是去追求便利、自由、独立的生活，反对禁锢、强制和不平等，因而过去那种封闭的、陈旧呆板的思想政治教育已经滞后于他们的现实需求。因此，我们必须做到真正把生活世界作为高校思想政治教育的基础和出发点，解决大学生在实际生活中遇到的难题，把他们的远大理想和社会现实结合起来，真正实现“教育世界”和生活世界相融通，达到增强高校思想政治教育实效性的目的。

传统的思想政治教育比较重视学生抽象的、理想化的生活，主要强调思想政治教育要回归大学生的实际现实生活，要确定回归生活世界不是否认科学知识，也不是完全日常化，更不是绝对迎合现实生活。回归生活世界是反对“书本化、教条式”的灌输，明确生活世界既包括日常生活，也包括非日常生活，它们对人的成长和发展起着不同的作用，它们只有相互影响才能促进人的全面发展；现实生活是复杂的，思想政治教育就是要帮助学生思考并认识复杂生活的真正价值和意义，从而做出正确的判断和选择。

大学生思想政治教育回归生活世界集中在价值诉求和精神生活方面。社会的变迁使个人价值的实现越来越被重视，大学生按照自己的爱好选择生活方式，强调个人价值，根据自己的价值标准选择人生道路，在实践中努力实现自己的人生价值都是合理与无可厚非的，因为追求自我价值最大化是符合人的本性的基本要求。因而，大学生思想政治教育回归生活世界，既要重视社会本位的意义，更要强调以学生为本，关注他们的精神世界，注重在生活实践中引导他们的价值取向与理想信念，把理性传输与感性实践相结合，使大学生在感性实践中体会理性价值的真理性，在理性思索中反馈和体验感性实践的目标与发展方向，最终确立科学的世界观、人生观、价值观，为个人才能的发挥提供更广阔的平台。

高校思想政治教育是对人的教育，是指向人而且是为了人的教育。大学生需要思想政治教育，更需要用人的方式去理解人、关心人、尊重人，特别要关心人的精神生活和精神生命的发展，自己的主体地位是否得以尊重，这在当下来说，尤为重要。因为全球化与文化多元化的时代使大学生的精神文化需求日趋旺盛，他们思想活动的独立性、选择性、多变性、差异性明显增强，所以大学生思想政治教育在传播主流意识形态的同时，必须立足于他们思想活动的发展现实，着眼于他们精神生活的实际需求，关注他们的现实精神世界，积极引导他们的思维方式，提高辨识能力和综合素质，帮助他们过上有意义的生活。

思想政治教育要努力实现科学世界和生活世界的整合，使得学生学习的学科知识与其日常生活相互滋养，相互提升，促进学校生活和社会生活的沟通。因此，增强大学生思想政治教育的实效性，就要在深入分析和研究理论的基础上，将理论研究与大学生实际生活结合起来，密切关注大学生丰富多彩的现实生活，全面关照大学生生活空间，使理论教育融入大学生现实生活中去，从而使思想政治教育内容为学生所认可、接受，从而发挥教育的作用，使学生能自觉用所学的理论知识去创造新生活，享受新生活，在生活中内化教育，增强教学的说服力和感染力，保持思想政治教育的吸引力和生命力，最终实现思想政治教育的目标。

大学生思想政治教育的内容非常丰富，只有把它们与大学生的生活有机地联系在一起，才会被大学生所接受。这也要求教育者不能单纯地进行知识的传输，一定要重视大学生的实际需要和生活经验，才能对他们进行有效的思想政治教育，他们也才能生成自己正确的思想品质。一个人的生活经验是教育和被教育的基础和来源，没有切实的人生经验，任何教育、任何知识都不能为人所接受和应用。理论界有一种“有意义的学习”理论，强调的就是要把教育内容与学习者个体经验相连接，教育内容要符合学习者自身的需要，学习者根据自身的需要选择教育内容，这样的学习才能激发起学习者的活力，增强学习者学习的兴趣，使学习者将学习的结果运用到生活中，转化为自己的生活经验和智慧，并创造出更加美好的生活。思想政治教育的内容只有取材于生活，才能和受教育者已有的经验建立密切的联系，才能引起共鸣。这就要求教育者尽可能地多研究大学生的生活，经常与他们接触，尊重他们的兴趣、人格，选择他们认可的方式进行教育，使他们能全身心地投入思想政治教育的内容。

（一）关注大学生周围的现实世界

每一个人都生活在现实世界中，而不是生活在真空之中，同时也都生活在此时，不是生活在过去和未来。进行大学生思想政治教育，就必须让学生了解真实的国情、省情及身处所在地的变化和发展情况，了解整个社会的变化和发展情况，唤起学生的责任意识和危机意识，同时也要让学生真正懂得理解我们党和国家在现阶段所制定的大政方针和路线政策，从而具有一定的政治觉悟和素养，从关注个人生活转向公共生活和社会生活，提高他们各方面的能力和水平。教师不能只“教教材”，更要“用教材教”，还要敢于“超越教材”，以书本知识为主要载体，不断更新教学内容，善于引导学生关注国内外时事，使党的方针政策、国内外形势、社会热点问题在第一时间走进课堂，走入学生的思想，从而培养学生的观察能力、分析判断能力等。

（二）关心大学生的校内外生活

教育的对象是人，而人又是现实生活中的具体的人，没有一个人能够存在于生活之外。对于大学生而言，他们从校外生活走进校内生活，又在校内生活中积极主动地展现自己真实的校外生活状态，两种生活有机地联系在一起。课堂教学以大学生的真实生活为基础，重视他们的生活体验，一定程度上可以缩短学生与书本知识之间的距离，加深理解学习内容的生活意义和社会价值，也能激发他们的学习兴趣，使之产生一种亲切感，增强他们学习的自主性、能动性和创造性，把学到的知识巧妙地运用到生活中去，积累自己的生活经验和智慧，为创造更美好的生活提供资源。

（三）重视大学生的闲暇生活，加强大学生的休闲教育

由我国高等教育模式可知，大学学习生活环境比较自由，所以，当代大学生可以自由支配的闲暇时间越来越多，闲暇生活就成为大学生日常生活的重要组成部分。但我国对大学生闲暇生活的研究起步比较晚，对此认识也不够深刻，也就不能对大学生进行充分的休闲教育。因此，我们必须加强大学生的休闲教育，培养学生形成有价值的休闲观，提高其休闲能力，以充分实现其生命价值与全面发展，推进大学生思想政治教育回归生活世界的进程。

高校的闲暇教育以简单的活动、单一的讲座等形式对大学生进行指导，没有正式培养大学生对休闲生活的态度、价值观和实施休闲教育的理念、方式等，高校的休闲教育实况滞后于大学生对休闲教育的实际需要，比如说闲暇时间多，但安排不合理；休闲环境优越，但不懂充分利用，缺乏休闲知识，态度不端正；休闲生活丰富，但活动方式层次低，致使大学生对休闲生活的期望与现实感受存在较大的差距。

因此，我们要采取有效的措施来解决这一问题，加强大学生闲暇时间中的思想政治教育，这样可以帮助大学生树立正确的闲暇价值观，使大学生学会有计划、有目的地选择闲暇活动，从而丰富和提高其休闲生活质量，实现自我价值。各高校

要通过多种方式和途径在学生的闲暇时间里开展思想政治教育，以提高大学生的思想觉悟，提高其利用闲暇时间的能力，实现其自由全面地发展。第一，将休闲教育纳入学校教育体系中。教育者一定要重视休闲教育：与思想政治教育工作相融合，制定切实可行的休闲教育计划，并成为其重要的组成部分。加大休闲教育的投入力度，建设大学生活动中心、图书馆、运动场、球类馆等配套设施，为大学生开展闲暇活动提供硬件保障。第二，开设休闲教育课程。合理地开设休闲教育课程，可以增强大学生的休闲意识，形成正确的价值观，提高闲暇分配能力，为在大学生的闲暇时间中开展思想政治教育做好准备工作。第三，充分发挥学生社团的作用。学生社团经常组织各种活动，有利于拓宽大学生人际交往圈，通过参加活动，也可以发展学生的兴趣爱好，提高他们利用闲暇时间的能力。

三、强调生命体验的课程实施

体验在教育中的重要性是不言而喻的。“纸上得来终觉浅，绝知此事要躬行。”躬行，是一种实践，更是一种体验。可是长期以来，体验问题一直未能全面进入教育理论研究的视界，我们对体验只有一些模糊的认识，缺少清晰的了解。在实践中，教育比较多的是停留在外在的知识的灌输和记忆上，未能深入到学生的内心世界，既不能外化于行，也不能内化于心。现行的思想政治教育从总体上来看是一种缺少体验的教育，没有办法“走心”。由于体验与素质的形成密切关联，以学生身心素质发展为最终指向的“素质教育”理论应关注学生体验的形成问题。

（一）体验生命

所谓体验，是生命在活动过程中产生的主观的感受、经验及情感。究其本质而言，体验是人的存在方式，也是人追求生命意义的方式。生命通过体验感知自我、体验生命的情感，并在体验的过程中创造生命超越的意义。在体验中，主体以自己的全部自我、已有的经历和心理结构去感受和理解事物。因发现事物与自我的关联而生成情感反应，并由此产生丰富的联想和深刻的领悟①。体验与一般的认识不同，体验不仅是对客体的认识，而且是因为客体与主体发生关联而产生的认识，所以体验把握客体的同时还生成关系和意义。这样客体就不是和主体无关的外界事物，而是与生命有关的内容，是主体生命意识之中的客体，成为生命生长的资源。

生命是一个自我生成的过程，只有生命自己才可以决定自己的本质，只有进入生命意识的实践和认知才可能具有生命的意义，也才可能促进生命的发展。所以，马克思说，从主体方面看，对于不辨音律的耳朵来说，最美的音乐也毫无意义，音乐对它说来不是对象，因为我的对象只能是我的本质力量之一的确证。从而，它只能像我的本质力量一样，作为一种主体能力而自为地存在着，因为对我来说来，任何一个对象的意义都以我的感觉所能感知的程度为限。所以社会的人的感觉不同于

① 陈佑清．体验及其生成［J］．教育研究与实验，2002（02）．

非社会的人的感觉，只是由于人的本质客观地展开的丰富性，主体的、人的感性的丰富性，如感受音乐的耳朵，感受形成美的眼睛。简言之，那些能感受人的快乐和确证自己是属人的本质力量的感觉，才一部分发展起来，一部分产生出来①。只有与生命相联系的感觉才可能发展，也才可能引起生命的发展，所以体验在生命的发展中，具有极为重要的作用。体验可以使外界的客体真正进入生命，成为生命的一部分。使生命获得丰富性，而且体验还可以在主客的融合过程中引起主体产生情感、领悟，获得启迪和升华，从而生成意义。体验活动不是以达到某种外在的实体结果来进行的，而是通过改变主体的意识和心理世界来进行的②。

体验可以是活动也可以是一种结果，无论怎样，它都是主体在一定的活动和情境中的所为、所得的。亲历性是体验最本质的特征。亲历不同于亲身经历。它包括实践和心理两个层面的经历。实践层面的经历，即主体通过实际行动亲身经历某件事，包括主体扮演和不扮演客体的角色这两种情况。心理层面的亲历，即主体在心理上虚拟亲身经历某件事，体验具有明显的情感性、意义性。它的起点是情感主体，正是从自己的命运和情感出发体验揭示生命的意义，而体验的结果也是产生一种新的更深刻的生命情感。

---

① 马克思. 1844 年经济学哲学手稿［M］. 北京：人民出版社，1985.

② 陈佑清. 体验及其生成［J］. 教育研究与实验，2002（02）.

（二）参与生命活动

我国教育家陶行知先生指出“生活即教育”“教学做合一”“为生活而教育”的理论。他强调：生活教育是给生活以教育，用生活来教育，为生活的向前向上的需要而教育。从生活与教育的关系上说，是生活决定教育；从效力上说，教育要通过生活才能发出力量而成为真正的教育。由此表明，生活是教育的灵魂和生命，教育只有和生活结合才能成为教育。

学生的学校生活主要在课堂，课堂不仅是学生学习知识的场所，也是学生生活的园地。课堂教学既是师生的教学活动过程，也是师生充满灵感、充满激情并充满理想的生活过程。为学生创设合适的精神生活空间，是学生发展的内在要求；关注学生生活世界，扩展学生精神生活空间，让学生体验现实，感悟生活的真谛，是课堂教学的基本要求。在当前新课程改革实验中，新课标明确提出“回归生活”的教学理念：“在教学中要面向丰富多彩的社会生活，开发和利用学生已有的生活经验，选取学生关注的话题，围绕学生在生活实际中存在的问题，帮助学生理解和掌握社会生活的要求和规范，提高社会适应能力。”让思想政治理论课堂回归生活世界，回归学生的生活是势在必行。

构建生活的课堂就是将教学活动置于现实的生活背景之中，重塑充满生命力的课堂教学体系，让师生的互动充满浓郁的生活气息，充满对生活的智慧的挑战和好奇心的刺激、产生勃勃的生机和充满交往的乐趣。使我们的课堂教学彻底的开放，使书本世界向生活世界回归，使教学在开放的过程中，显示人的创造和自由发展，关注人在课堂生活中的生长以及成长中人的整个生命力。从而激发学生作为主体参与活动的强烈愿望，将教学目的、教学要求转化为学生作为生活主体的内在需要，让他们在生活中学习，在学习中更好地生活。它包括了规范生活课堂的内容、丰富生活课堂的形式、增加课堂生活的元素等内容。

体验的亲历性要求我们必然关注学生的实际活动，并积极地为学生创设体验情境，因为只有在丰富的活动中，学生才能以身体之、以心验之，才可能产生积极的生命体验。参与和参加是不同的，参与是主体性的活动，是主体以整个身心融入活动中，而参加只表示人的身体的出现，并不一定是整体生命的活动。为什么说贵在参与，因为只要主体真正融入活动情境之中，无论活动的结果如何，主体都必定有所收获，必定会产生一定的经验、情感和意义。所以学校应关注学生的生命活动，关注真正能触发学生生命感动的活动①。

（三）讲述自己生命的故事

讲述自己的故事，讲述你身边的故事，讲述真人真事，现在讲述节目的流行，正说明现代人交流情感、体验和生命体悟的渴望，能够清晰地停留在记忆长河中的故事，必定是生命经历中最美丽的花朵、最璀璨的明珠，必定重大地影响过一个生

① 刘铁芳．生命情感与教育关怀［J］．高等师范教育研究，2000（06）．

命的成长。关心生命意义的现代人，留心去倾听别人的声音，并希望能从身边的故事中探寻生命的林中路。学校也可以借鉴这种方式，让学生讲述自己生命的故事。对学生来说，讲述自己生命的故事，即是在以生命叙事，在寻找生命的感觉。以生命叙事不仅可以讲述曾经发生的深深留在自己脑海中的故事，也可以讲述尚未经历过的、希望的生活，这些故事是生命凝聚的精华，也是生命全身心的向往。通过这些故事，我们才可能真正了解一个人的内心，而这些故事更容易打动听众，唤起一种共鸣，同时生发每个人新的生命体验。教师在教育教学过程中应该改变独白的讲课方式，多让学生参与，让学生讲述自己生命的故事，或者是讲述在相关情境下自己可能的故事，让学生的故事进入课堂，让课堂的教学进入生命。

（四）感悟生存意义

生命的意义就是不断地发现、认识这个世界，学会做人做事，学着宽恕和包容，也是善待自己。心若豁达，生活处处有风景，请保持一颗好奇心，总会找到适合自己的路和属于你的成就感。努力地活着一定要善待自己，善待他人。哪怕最终的结果与我们的想象有些偏差和距离，也要告慰自己，我们用心了不后悔，因为我们已经做了自己力所能及的事了。每个人都会有属于自己的委屈，有人说过："我来不及认真地年轻，待明白过来时，只能选择认真地老去。"因为被各种物质的诱惑吸引，导致迷失自我难以摆脱，到现在才明白：走着走着，发现自己好好地生活着才是重要的。在这人生过程中，努力了、奋斗了、付出了、感悟了、贡献了，那么就是人生完美的结局。很多东西别在意失去，只在乎曾经拥有过。快乐过好每一天，才是善待自己。

生命究竟有没有意义不是我们的责任，但是怎样安排此生才是我们的责任。从自私功利的角度来看，生命的意义在于自己是否过得好，在于生活价值的方式。哲学就是对人生系统的反思。苏格拉底曾说过，未经过思考的人生不值得度过，生活的意义往往在零碎的幸福与快乐中，生命的意义由它的过程汇聚而成。人生的意义在于幸福。叔本华认为，缺乏痛苦的程度是衡量幸福的标准。约翰·格雷认为，幸福在于接受快乐的感受，幸福的大小由我们的天性所接受，感觉的强度与数量有关。要幸福就要让自己不断地去思考和学习，要幸福就要自己的能力增强。幸福是精神的自由。幸福是奋斗出来的，莱幸认为，幸福存在于追求理想的进程中，追求理想比实现理想更有意义。

人生的意义是从精神上来说的。从创造的价值来看，劳动工作是生命的意义所在。人生的意义应该从人类历史中获得，让我们融入历史的长河中获得生命的意义；生命的意义应该在国家的建设中获得，让我们融入国家建设的洪流中获得生命的意义；生命的意义应该在自身中获得，让我们在考察自己的人生中获得生命的意义；生命的意义应该从哲学的思考与学习中获得，让我们思考哲学，丰富我们的精神世界，提高我们的精神境界；生命的意义应该在实践行动中获得，让我们在融入实践的洪流中获得生命的意义。

人的生命及其体验的生成，是基于生命活动的永无止境的展开。对生命的意义的寻找和对本真生存的体验也是一个不断发展的过程，人的体验能力是随着体验活动和人的发展而不断发展的。人发展的不同阶段，其体验的水平、内容和人的感悟也会有极大的不同。学校不仅需要联系学生的体验完成教学任务，还有义务帮助学生提升体验能力。不仅仅是体验到一些比较零散的经验、情感，更要形成人生的智慧，指向对意义的询问，对意义的追求，生命体验的获得必定是与个人的认识水平和个人的生活阅历有关。虽然它们已经进入生命中，但是却蛰伏在意识之下，甚至可能被意识忘记，对于这些生命的资源，学校应该深层挖掘其价值。在教育教学中，将一定的理性知识与学生的生命体验相结合，使学生可以从一个更高的层面理解原有体验、生成新的生命感悟。

四、促进生命发展的课程评价

《国家中长期教育改革和发展规划纲要（2010—2020 年）》提出，改进教育教学评价，要根据培养目标和人才理念，建立科学、多样的评价标准。① 课堂教学评价是教育教学评价的最重要的组成部分，是以教学理念和教学目标为指导，对课堂教学中教与学的活动和效果进行价值判断的过程。课堂教学评价是推动教学改革的重要手段，要实现生命教育理念下的课堂应

① 教育部．国家中长期教育改革和发展规划纲要（2010—2020 年）［M］．北京：中国法制出版社，2010.

该以课堂教学评价为突破口。生命课堂教学评价改革应该以学生生命发展为中心，把是否尊重生命的主体性、是否体现生命的创造性、是否激发生命的潜力、是否提升生命的价值作为评判课堂好坏的重要标准。

其一，在评价目的上，建立以生命发展为目的的评价观。生命发展包括教师的发展和学生的发展两个方面。课堂评价需使得教师了解自身在教学中的优势和不足，从而促进教师自身教学能力和专业素养的发展。同时课堂评价应该把教学是否促进学生的发展作为重要的评价标准，让参与评价的师生都明白课堂教学的主要任务。

其二，在评价体系上，要增加“课堂互动”这个评价维度，对师生的多元互动、教学过程的开放性、教学内容的生成性等方面进行考核。在评价权重上，要加大“课程难度”的评价比重，改变学生觉得大学课程容易通过的观念。有研究表明，教师对学生的学习期待越高，学生的努力程度也越高，同时学生学习的质量也会提高。大学课堂应有效“增负”，在合理评估学生水平的基础上，提升课程的难度和挑战度，让学生在“最近发展区”的努力范围内促进生命的发展。

其三，在评价主体上，要实现以学生评价为中心的多元统一。课堂教学评价的主体包括：教育管理者、教学督导、同行专家、学生和教师本人。由于评价视角不同，所以课堂教学的反馈存在着很大差异。学生的发展是教学的最终目标，所以学生对课堂的评价应处于中心地位，其他主体评价应围绕学生评价而展开，实现评价主体的多元统一。

其四，在学生的学业成绩评价上，增加“课堂参与率”这个指标。传统课堂重视知识的传递，教师讲、学生记，课堂往往是单向的、沉默的，缺乏生命的活力。因此，要将课堂参与率加入学业成绩评价，让学生的学业成绩与课堂的实际贡献率有更加密切的关系，引导学生积极投入课前准备和课堂互动中，鼓励学生大胆假设，发表自己的观点，这样才能深化对学科知识的理解。

总而言之，生命教育理念指导下的大学课堂教学定位在探索并创造充满生命活力的课堂，只有在这样的课堂中，师生双方才是全身心的投入，课堂中并非只有教与学，更多的是生命的碰撞与成长。但是以生命教育为理念的课堂教学改革并不容易，需要教育主管部门、教育管理者、教育者和受教育者多方的努力和认可，才能将教育改革向深层次推进，才能将生命课堂的理想照进现实，这个过程任重道远。对课堂教学，我们所期待的是：每一堂课都充满生命活动，每个学生都充满生命激情，每名教师都投入生命的光辉，每个学校都充满生命的气象。

第六章　高校思想政治理论课程生命化教学模式的构建与设计

教育究其本质而言，是一种生命与生命的相互对接与交融①。由此可见，生命是教学的前提和对象。人的生命不仅具有生物性，更具有社会性和精神性。这是人相比于其他动物的高级和独特之处，也是生命和教学发生联系的天然纽带。生命化教学是以生命为立足点对教学内涵的重新厘定。生命化教学是以师生的生命作为教学的基点，遵循生命之道，敬畏生命、呵护生命，并在教学互动之中激发师生生命活力，在对生活世界的关注和体验之中，发展生命、完善生命。

---

① 鲁洁．南京师范大学：一本用生命打开的教育学［J］．南京师大学报（社会科学版），2002（04）．

第一节　生命化教学的内涵与特征

教育要引导学生认识和了解生命的意义，从而使他们充实和完善自己的生命。教育不仅仅是为了让人学会生存的知识和技能，还要关注人的生命价值的实现，这才是教育的根本所在。就其本质而言，教育不是一种本能性活动，而是一种价值性活动，是和人本身乃至人类的生存状态、生活方式、生活质量相关的价值活动。在以人为本的时代，教育期待回归生命，在教育过程中，体现教育的本质，把“生命”还给教育，使教育基于生命，生命融入教育，最终使教育成为生命的诗意“栖息地”。

一、生命化教学的内涵

何为“生命化”？黄克剑指出，生命化即“生命的在场”①。生命化教育，简单地说，就是“融于”生命、“成全”生命的教育。在教育过程中，依据生命的特性，尊重生命发展的内在逻辑和规律，创造适合生命发展需要的教育。它以生命为基点，把生命的本质、特征和需要体现在教育过程之中，使教育尊重生命的需要，完善生命的发展，提升生命的意义。教

① 周波，徐学福. 试论课堂教学学生“生命在场”的要义及基本特征[J]. 内蒙古师范大学学报，2008（09）.

育者和被教育者作为具体的人而存在，教学是师生生命相互激荡、相互包容的过程，在这一过程中得以实现知识与情感的融合。

在我国，受传统主知主义和功利主义的影响，教学仅仅被看作是一个特殊的认识过程，而忽视了教学其自有的内在尺度——生命。张文质指出，“生命化教学是把对儿童的理解、关爱、信任、成全在具体的教学过程中体现出来”①。有很多学者从生命的视角、学生的视角、师生的视角等对生命化教学的内涵进行了界定，在对其他学者的概念进行分析之后从综合的视角对生命化教学的内涵进行了界定。所谓生命化教学，是以师生的生命作为教学的基点，遵循生命之道，敬畏生命、呵护生命，并在教学互动之中激发师生生命活力，在对生活世界的关注和体验之中，发展生命、完善生命。具体来说，生命化教学的内涵可以从以下三个方面进行理解：

（一）生命是教学的基点

生命是教学的前提和对象。人的生命不仅具有生物性，更拥有社会性和精神性。这是人相比于其他动物的高级和独特之处，也是生命和教学发生联系的天然纽带。人生命的未特定性为教学的出现提供了必要性和可能性。人源于动物，但人与动物有着本质的区别。动物的生命活动完全属于它生活的环境，

① 张文质．生命化教育的责任与梦想［M］．上海：华东师范大学出版社，2006.

其生命是设定的、预成的，是其本能的一种体现。而人的未特定性使人的自然生命在人的初始阶段无法依靠特定化的图式生存。但正是人先天的自然缺陷和生命的不完善，使人有了往更高能力发展的潜能。为了更好地生存，人们借助教学的力量将教育和文化内在所富有的功能内化于人，然后人通过教学所得，在自然面前显示出人的能动性，对自然进行改造为自己所用，使人能在自然的竞争中获得生存。由此可见，人的未特定性赋予人的开放性和可塑性，为教学的出现提供了必要性和可能性。

人作为有意识的生命体，要创造独特的生命价值，就必须寄托于教育。和自然生命不同，人的价值生命要在社会中进行，在人与人的关系中体现。价值生命表明人对于自己的生命可以发挥主观能动性，这也是人的生命区别于动物的独特之处。价值生命的传递以文化、社会等为载体进行，而文化、社会的遗传又依托于教育，教学作为教育实施的主要路径，自然承担起了这一重要的责任和使命。由此可见，生命是教学内在的灵魂、是教学的基点，同时，教学也是生命新的成长点。

（二）尊重生命的特性是教学的原则

人的天性是人成长的内部依据，是人之所以在不断成长、不断自我否定和自我发展中依然保持自身的根据。本真的教学应以学生整体生命的自由发展和个性的充分张扬为目的和归旨。教学要想达到这一目的，必须遵循生命发展的内在逻辑和规律。教学只有遵循并不断调试使之适应学生生命的发展的特点才能成为有效的教学。

人的生命具有自然性、社会性、精神性等多重属性，这些性质构成了人完整的生命。现实的人是完整的人，他们有躯体，也有思想；有物质需要，也有精神追求。为此，一是教学要保证学生生命的自然性能得到舒展。教学是对学生天性的挖掘而不是屏蔽。教学应结合学生的天性而展开，使教学内容、方式符合学生特有年龄阶段的特征。二是要注重学生的全面发展。新的课程改革确立了知识、能力、情感态度价值观的三维目标，这就意味着在教学中除了对学生进行知识的授受之外，还要通过知识的外化来培养学生的能力，通过情感的熏陶开启智慧，润泽生命，促进生命的完整发展。

在时间和空间的纵横扩张中，每个人都以其独立的个性存在着。① 社会因生命的同质性才得以实现和谐共生，但更因为其异质性的存在，世界才变得丰富多彩。每一个个体生命都有其不可替代的价值，在教学中，应该要尊重这种特质。生命化教学强调的是每一个具体、真实的生命，将教学行为指向具体的每一个人，关注所有生命的价值，肯定所有生命的意义，使教学成为一种个性化的定制化的教学，帮助学生发展自己的个性，实现自己的生命价值。

生命的价值在每一次对其自我的超越中实现新的发展，走向新的高度。因此，教学并不只是让学生机械地学习知识，而

① 香山健一，刘晓民．为了自由的教育改革：从划一主义到多样化的选择[M]．北京：高等教育出版社，1990.

是要通过知识背后所凝结的智慧去唤起学生的生命超越意识，激发生命发展的动力，让学生清楚地意识到完成生命的超越对于实现生命的价值有着重要的作用。首先，这就要求我们的教学要培养学生超越现实的理想，引导其对未来充满美好的期待，这样学生才能获得超越的原始动力；其次，教学还要培养学生的批判和创新能力，让他们获得超越的武器。这样，生命才能在一次次的超越中获得发展，得到新生。

（三）完善生命是教学的目的

生命化教学的目的和宗旨是为了使师生能在生命的交融与共契之中寻找到生命的意义，享受幸福的生活，这才是生命化教学的应有之意。学生以完整的生命投入教学，那么，教学在时间上应为学生的终身发展做准备，在程度上不断促使学生生成更完善的自我。

人的生命会经历不同阶段，在不同的阶段每个个体生命都有要完成的任务，在完成了学校这个阶段生命的发展后，谁来给之后生命的发展做出指导呢？这个任务就留给了我们的教学，这就要求教学，既能立足于当下又能满足将来。生命化教学的任务就是为学生的终身发展打下基础，使学生今后的发展有更多的可能性和选择性。生命化教学不是用牺牲今天的美好来成全将来，而是用一种发展的眼光来看待教学，这样充满人文关怀，充满对学生关爱和包容的教学，才能实现个体的终身发展。

人生须追问意义，活在意义之中。教育需要使人们明了人生的意义，追求美好的生活和幸福的人生，这才是“成全”生命的教育。幸福的生活和美好的人生，包括三个依次递进的层次：第一，珍惜、尊重、欣赏生命；第二，开启生命的智慧；第三，提升人生的境界，实现生命的意义。教育拯救现代人，就要拯救他的灵魂，使其认识“人生的意义”“价值”“境界”，乃至最后的“幸福”。生命化教学是以让学生认识到生命的真谛为己任，使人重新认识人生的价值和境界，从而实现“心灵的转向”。冯友兰将人生分为四个境界：“自然境界、功利境界、道德境界与天地境界。”[①] 以此为划分，生命化教学就是要通过开启学生的智慧，使学生能脱离自然境界和功利境界，完善人的道德，最后能脱于本我，达到“超我”之境，完善个体的生命。生命化教学，在起点上，直面人的生命；在过程中，通过人的生命，遵循生命的本性；在结果上，润泽灵魂，追寻生命的意义和价值，提高生命的质量。只有三者协调一致，才能实现其生命的本质，才是完整的生命化教学的内涵。

二、生命化教学的特征

（一）教学主体的交互性

生命化教学理论是对传统教学中“授—受”教学模式的挑战和质疑，让教学走向交往、走向对话。沙勒和舍费尔在

① 冯友兰．冯友兰学术文化随笔［M］．北京：中国青年出版社，1996.

20 世纪 70 年代，提出“教学过程是一种交往过程”。交往互动是教学的灵魂，它强调师生之间的理解与倾听，师生以生命的整体性加入教学中，以语言为载体进行知识的讲授、情感的交流。交往教学打破了“以教师为中心”，“教师讲、学生听”这种机械的教学状态。知识在教师与学生的交流对话中，在师生“内在的、自觉地共生共长”理解下显现出智慧，生长出情感。而且教师与学生之间这种以各自情感表达作为基础的交往，是建立在民主、平等的师生关系的前提之下的，教师与学生不再是主体与客体的关系，而是一种主体间的关系，是一种“你—我”的关系，是一种“我们”的存在，这种师生关系能激发生命个体的积极性和主动性，并在这种交往互动之中，相互补充，共同进步。

（二）教学目的的成全性

教学是受教育者在施教者的指导下，自主地对自我生命和个性的成全。不同于传统的应试教育以知识的习得为目的，生命化教学以让每一个学生能在教学中得到全面且富有个性的发展为目标，在教学过程中珍视学生表现出来的可能性，成全这种可能性。成全性的教学目标更多的是对学生个性培养和学习指导，而不是用外在功利性的目标对其压迫和抑制。生命化教学目的的成全性主要表现在以下几个方面：第一，珍视受教育者在教学中天然的主动性。在教学中能够倾听学生的问题，理解他们的想法，给他们表达自己想法的主动权，对学生的错误要学会宽容，给予他们更多的肯定，给他们的主动性的释放创设条件。第二，将受教育者从自然状态引导到应然状态。这种应然状态包含着更美好、更高尚的某种需求与祈向，这种成全不是对自然状态的否定，而是一种否定之否定的哲学状态，使学生在已有的基础之上有更好的发展，是对其更高需求的一种成全。第三，依赖于受教育者的自主性。把成全归结为受教育者自主的自我成全，是对受教育者个性的张扬，成全人的个性，可以将人在生命化教学中的自我创造引向无尽的未来。

（三）教学内容的生成性

生命化教学突破传统知识观的桎梏，并不将知识看作是一种客观存在的结果，而是用一种动态的、发展的眼光来看待知识，看待教学内容。生命处于连续的、不断的变化之中，教学内容也应该随之有新的生成。一方面，在生命化教学的视野里，教学内容不仅仅只包括已经预设和确定的知识，还有在师生的交往互动中双方感情的投入，使教师和学生各自生活世界的知识相互碰撞，形成新的知识和教学智慧。另一方面，高校思想政治理论课程的理论是不断更新和发展的。时代的不断进步和发展，决定了高校思想政治理论课程的教学内容不是一成不变的，教学内容的发展不断更新，这样才能适应学生和社会的需求。

（四）教学方法的体验性

体验，是主体将自己的知识、情感投入到对客体的感受、理解和构建的过程。“只有体验的东西，才能内在于人的生命之中，融化为生命的一部分。”① 体验使知识不再是没有情感的符号和冷冰冰的文字，开始带有个体的感情色彩，普遍性的知识在学生的体验下也变得具有个性。生命化教学将主体的体验作为获取知识的主要方法。学生用自己的直接经验去感知教材，将带有学生“内在自我经验”的知识和书本知识结合起来，使学生解放他们的大脑、解放他们的天性。这样知识就变得丰富有趣起来，学生的生命活力也在这一过程中被激发。同样，在体验性的教学方法下，教师也摒弃了传统威严的形象，给学生创设一个轻松的环境以给他们各种真实的体验，这就要求教师充分发挥自己的创造才能去感受、体验生活，理解学生。教师在这样的过程中使生命得以舒展。由此可见，教学中的体验不仅仅是一种认知的方法，更是生命的一种存在状态。

（五）教学评价的发展性

纵观我国的传统教学评价方式，受考试评价制度的影响，评价往往只注重其甄别选拔功能，评价目标单一，评价方法过于量化，这种评价方式分解了学生生命的完整性，忽视了教学评价本真的目的。教学评价应该以让教师的“教”和学生的“学”获得改善和发展，让生命得到更好的成长为目标。生命化教学理念立足于新课程改革的基本理念，把建立发展性教学评价体系、促进每位学生的发展作为教学评价的基本要求。形

---

① 彭舸珺．大学生生命道德教育方法的创设及运用［J］．西北师大学报（社会科学版），2011（06）．

成的教学评价是用一种发展的眼光来看待学生，注重学生综合素质的培养，促进学生的全面发展，同时也使学生的个性得到尊重。这种充满人文关怀的评价方式才能看到学生各个时期的进步和努力，对师生起到激励与鼓舞的作用，激扬学生的生命、呵护学生生命的发展。

第二节　生命化教学模式的设计

教育与教学问题从根本上说是一个生命问题。只有以生命为出发点，又回归生命的教育，才是本真的教育。生命教育是以尊重生命、理解生命、直面生死等为主要内容的教育理念，将其融入学校课堂教学就产生了生命化教学模式。在高校思想政治理论课程的教学中，生命化教学能够丰富学生的情感体验、提高学生的道德修养、促进学生的自我完善等，增强高校思想政治理论课程教学的针对性和有效性。生命教育理念融入高校思想政治理论课程的教学，必须构建以生命教育为内核的生命化教学模式，以更好地提升高校思想政治理论课程教学的有效性。

一、生命化教学模式构建的原则

教育是提高生命认识、提升生命质量的社会实践活动，教育与个人发展、价值实现、生命意义彰显等在本质上都是统一的。高校思想政治理论课是以塑造人、改造人为目的的课程，它与生命教育理念有着天然的联系。生命课堂既是教师生命活力的展现，也是学生生命活力的激发，它是一种以学生为主体，课堂为阵地，以师生共同的生命活动与生命交往为基础，以师生的共同发展和生命价值弘扬为目标，开展人与人之间充满生命活力的，智慧、文化、审美以及生活等交流活动的课堂教学。因此，将生命教育理念融入高校思想政治理论课程的教学中，构建高校思想政治理论课程的生命化教学模式是非常必要的。在构建高校思想政治理论课程的生命化教学模式时，应当坚持渗透性原则、针对性原则、具体性原则等。

（一）渗透性原则

渗透性原则，是指教师通过构建宽松的心理环境，使高校思想政治理论课程的教学活动与生命教育等其他教育活动能有机融合、相互贯通，并通过日常生活、游戏等延伸活动的共同作用，让大学生积极主动地学习，以培养他们对思想政治理论课程的兴趣和对生命的感受力、表现力、创造力。通过为大学生设温馨、宽松的心理环境，整合、渗透生命教育的教学内容，积极将思想政治教育活动延伸到日常生活活动等手段，在思想政治理论课程的教学活动中无形地与生命教育理念融合一起。20 世纪 70 年代以来，西方国家青少年群体中出现了暴力倾向严重等问题，许多西方青少年都成了“颓废的一代”，此后，西方国家积极开展生命教育，将生命教育渗透到课程教学之中，有效化解了青少年成长中的种种问题。所以若将生命价值、生命意义等理念融入高校思想政治理论课程的教学中，或许能潜移默化地影响大学生的思想观念和行为习惯等。

（二）针对性原则

针对性原则是指事物的指向性，尤其强调其所指向事物的重点、关键与核心。高校思想政治教育工作的针对性就是坚持生命教育的“以学生为本”的理念，根据学生之间的层次性和差异性特点，有针对地选择教育内容，创新教育方式，充分发挥大学生在高校思想政治教育工作中的主体性和能动性，提升高校思想政治教育工作的实效。因此，在大学生思想教育中应当坚持针对性原则，针对当代大学生在学习和生活中的问题开展生命教育，以积极的价值观引导大学生，提升大学生的生命意识和人生追求。

突出高校思想政治教育活动的主体针对性。大学生既是高校思想政治教育活动的对象，也是活动的主体，具有双重地位，高校思想政治教育工作者则处于主导地位。高校思想政治教育活动中教育者与受教育者是一种主体间性的关系，他们在思想政治教育活动中共存，并互为主体、共同作用。受教育者是解决思想认识问题的内因、根源，而教育者仅仅是引导性因素，是外因，教育引导要通过受教育者才能起作用，因此，高校思想政治教育活动的效果最终要在大学生身上显示。强调高校思想政治教育活动内容的针对性，坚持高校思想政治教育内容的针对性，是防止高校思想政治教育一般化、表面化、形式化，提高其有效性的关键环节。正如毛泽东《反对党八股》

所言："射箭要看靶子，弹琴要看听众，写文章做演说倒可以不看读者不看听众么?"莱布尼茨说过："天底下没有两片完全相同的树叶。"同样的道理，高校思想政治教育活动中绝对没有两个完全相同的人和思想认识问题，即便是思想认识问题相近相似，其产生的原因也绝不会完全相同。因此，我们必须"一把钥匙开一把锁"，努力做到具体问题具体分析，有针对性地选择不同的教育内容和方法。

（三）具体性原则

生命教育是培养学生的生命意识、提升学生的生命境界的重要方式，也是高校思想政治理论课教学的重要内容，其目标在于使人们学会尊重生命、理解生命的意义，学会积极地生存、健康地生活与独立地发展，并通过彼此间对生命的呵护、记录、感恩和分享，获得身心的和谐、事业的成功与生活的幸福，从而实现自我生命的最大价值。因此，应当以生命教育理念指导高校思想政治理论课程的教学，构建高校思想政治理论课程的生命化教学模式。生命化教学并不是讲解抽象的人生道理、生命意义等，而是将抽象难懂的理论融入生动的教学案例、具体的社会实践之中，以生动具体的教学内容、真切可感的教学实践引导学生的生命感悟和人生体验，提高学生对人生、社会和命运的哲学思考。①

---

① 任晓伟．关于在高校思想政治理论课程中渗透生命价值教育的几点思考[J]．思想教育研究，2013（03）．

构建生命化教学模式，根据具体性原则，主要做到贴近实际、贴近生活和贴近学生。贴近实际，既是思想政治教育的起点，又是其最终归宿。高校思想政治理论课程相对学生所学的其他专业性、职业性较强的课程而言，具有社会实践性和时效性，因此要从实际出发，从国际环境到国内形势，再到大学校园生活，都需要贴近实际。教学应以现实社会中发生的实际情况和典型事件为基础，以问题为导向，将理论合理引入，逐步启发引导学生学会在实际生活中发现问题、分析问题和解决问题，增强学生对生存环境的关注度、对现实问题的参与度以及对自身发展的掌控度，逐渐成长为社会主义事业需要的有理想、有才能、有担当的新时代技能型人才。贴近生活，要求高校的思想政治理论课程内容与学生的日常生活紧密结合，始终关注学生的实际生活，将学生的日常活动变成教学资源，通过一定的方式方法将学生在生活中遇到的热点问题、难点问题、困惑等再现课堂。运用生活化的案例和语言拉近生活与课堂、教师与学生、学生与学生之间的距离，将教学和学生的生活相融合，使学生在生活中遇到的实际问题通过课堂的充分讨论和分析，找到解决的方法。使学生全身心地投入课堂，在潜移默化中实现自我教育，实现高校思想政治理论课程教学的生活化、情感化，从而更好地实现知行统一。①

贴近学生，即意味着教学目标应关注学生学习生活的特点

① 邹瑄．基于“三贴近”原则的高职思想政治理论课教学研究——以江苏财经职业技术学院为例［J］．教育探索，2012（12）．

和实际要求，着力培养适应新时代要求的新技术技能型人才；教学内容应密切联系学生的实际思想状况，联系社会实际，想学生所想，做学生想做，实现教材体系向教学体系的转化；教学过程应采取有效的手段和方式保证学生的主体地位，增强课堂的趣味性和吸引力，引导学生广泛参与学习实践，并结合科学合理的教学评价全面考核学生的学习过程和成效，使高校思想政治理论课堂成为学生真正的人生课堂，实现学生对成长过程的期待。

二、生命化教学模式构建的意义

生命教育是教育学的一个分支，也是家庭教育和社会教育的重要组成部分。随着教育心理学、生命科学等学科的发展，生命教育渐渐融入学校教育体系，并成为促进学生心理健康、改造学生世界观、人生观、价值观的重要方式。1968 年美国出版了图书《生命教育》，此后生命教育受到了世界各国的普遍关注。近年来，国内的生命教育也受到了教育界的广泛关注，渐渐成为高校思想政治理论课程的重要教学内容，其中心思想在于以智慧去“尊重他者与自己的生命”，以改善部分年轻人不自尊不自爱的行为。

（一）有助于实现思想政治理论课程的教学目标

教育通过课堂传授知识，知识是教育的内容，也是教育过程中不可缺少的中介载体。知识是客观事物本质属性的反映，具有客观性；是放之四海而皆准的真理，具有普遍性；它不受认识主体的经验、态度、价值观的影响，具有价值中立性。但是，知识不只是一种客观存在的结果，而是一种需要主观参与的过程，不是客观存在于某个地方等待着我们去发现的东西，而是要在学习者的参与中才能生成的存在。教学过程是动态生成的，每堂课都是不可重复的激情与智慧综合生成的过程。在课程的进行过程中会生成一些即发的、非预期的教育性因素，从而激发生成，践行创新，实行创造。

高校思想政治理论课程是以培养学生正确的政治信仰、道德观念、法律意识、人生理想等为教育目标的高校基础理论课程，也是塑造人、引导人、改造人的人文社科类课程。生命教育是提高人的生命认识、提升人的生命质量、实现人的生命价值为基本内容的教育活动，它能够培养人正确的世界观、人生观、价值观，对人的心理健康、个性发展、自我完善等都具有重要意义。显然，思想政治理论课和生命教育都是围绕“现实的人”而展开的教育活动，都是以塑造人、提升人为目的的，两者在内在本质、表现形式、价值目标等方面都是一致的观念。① 所以，将生命教育融入高校思想政治理论课程有助于培养学生的生命意识，丰富学生的生命体验，提升学生的生命境界，从而能更好地实现高校思想政治理论课程的教学要求和教育目标。

高校思想政治理论课是促进个体生命成长的重要课程，因

① 张加明．高校思想政治理论课与大学生生命教育［J］．辽宁行政学院学报，2011（08）．

此，在每一门课程教学目标的设计上都必须紧紧围绕个体生命成长与社会发展的契合点，克服高、大、空、远的教学设计，注重个体生命的微小叙事，以受教育者的生命成长为主线，引导受教育者关注生命个体的生存境遇，使他们在追求与改变个体生存状态的过程中深刻认识个体生命与国家、民族的命运以及社会发展的密切关系，实现微观与宏观的自然结合与统一。在高校思想政治理论课程的教学内容上，借鉴生命教育的道路，从关心人的基本需求到引导人的终极追求，从追求个体生命价值的实现到引导国家、民族共同体命运以及社会发展目标的实现，把每门课的内容整合成为几个教学层次，同时注意这几门课在整合中的融通，避免重复累赘，以增强高校思想政治理论课程教学的吸引性和实效性。

（二）有助于推动思想政治理论课程的教学改革

将生命教育理念融入高校思想理论课程的教学之中，用生命教育话语重构思想政治理论课程的教学内容，能够带给学生焕然一新的感觉，提高思想政治理论课程的教学效果。从本质上讲，“以人为本”就是在教学中以学生为中心。贯彻中央关于加强和改进大学生思想政治教育工作的精神，做好新形势下的高校思想政治教育工作，在大学生思想政治教育中，我们必须坚持“以人为本”的工作思路。围绕学生的全面发展来开展高校思想政治理论课程的改革和实践，是“以人为本”原则在教学中的具体体现。思想政治教育教学的改革和实践，是在马克思主义、毛泽东思想、邓小平理论、“三个代表”重要思想、科学发展观和习近平新时代中国特色社会主义思想指导下进行的。这些理论成果都具有与时俱进的品质，具有随着历史条件的变化、新的社会经济问题的相继出现而不断进行理论创新的要求。

为了推动高校思想政治理论课程的教学改革，我们要做好以下两个方面的工作：首先，要围绕学生学习、教师教学的实际需要，加强和改进思想政治教育教学的教材建设和课程体系的构建，并体现出创新性。在教材建设方面，我们要坚持和贯彻理论联系实际的原则，紧密结合大学生思想实际，编写具有时代特点，又符合学生实际，并且能够很好地适应当前教学体系的新教材。在课程体系构建方面，既要处理好五门思想政治教育教学必修课程之间的关系，又要注意到其与初中、高中思想品德课的纵向联系。此外，在课程体系构建中，既要注意理论体系的科学性、合理性、逻辑性和完整性，又要注意学生对课程内容的理解和接收程度。其次，要致力于推进课堂教学的创新。教学的过程是师生交往、共同发展的互动过程。在课堂教学的创新中，关键在于“教”。“教”应该从单一的课堂教学模式转变为复合的课堂教学模式。在复合型课堂教学模式中，教师要充分利用网络、电视、多媒体、新媒体等现代化教学手段，处理好传授知识与培养能力的关系，注重培养学生的独立性和自主性，引导学生质疑、调查、探究，使“填鸭式”教学转向有师生互动的双向交流的启发式教学。从而教师才能更好地了解学生的个性和个体差异，创设出能引导学生主动参与的教育教学环境，满足不同需要，激发学生的学习积极性，培养学生掌握和运用知识的态度和能力，使每个学生都得到全面的发展，培养德智体美劳全面发展的社会主义建设者和接班人。

（三）有助于提高思想政治理论课程的教育教学质量

高校思想政治理论课程的政治性和理论性较强，它与其他专业课不同，它有着独特的教学理念、教学方法、教学手段和教学效果等。对广大思想政治课的教师而言，如何提高思想政治理论课程的教育教学质量，是他们日常工作中的永恒话题。泰戈尔曾经说过，教育的目的是应当向人类传送生命气息的，教育应当从尊重生命开始。学校若是对专业课的重视程度远远高于思想政治理论课程，教师若是缺乏对学生生命的关怀，就将会导致学生的全面发展受到影响，会在很大程度上抑制学生多样性和个性的发展。因此，学校思想政治课教育不仅要关注学生的生命，也需要引导大学生树立正确的世界观、人生观、价值观，加强大学生的生命教育力度，将生命理念渗透到教学过程中的各个环节。只有将生命教育渗透到高校思想政治理论课程的教学过程中，督促教师对生命教育的重视，才能打造充满生命力的教学课堂，才能提高课堂的教学质量和效果，引导并提升学生的生命价值和人生态度，有效达到高校思想政治理论教育的目的。

（四）有助于培养大学生正确的生命意识

生命意识是人在生命体验的基础上，对生命存在和生命价值的感知和认识。它是构建的精神世界、构筑人的精神家园的基础。大学生生命意识的培育是生命教育的核心内容。将生命意识作为根植于心的终身理念，是人文关怀的重要体现。目前我国大学生的生命意识状况总体较好，大学生对生命价值有较高的认知，绝大多数大学生都珍视生命。也有部分大学生对生命现象的理解存在困惑和迷茫。人的生命只有一次，生命质量取决于每一个生命活动，只有充分重视生命活动的质量，才能更好地提高生命价值、彰显生命意义。因此，将生命教育理念融入高校思想政治理论课程的教学之中，能够培养大学生正确的生命意识，促使大学生珍惜光阴、珍爱生命。

在高校思想政治理论课程的教学过程中，教师要渗透生命关怀的教育思想，帮助大学生培养正确的生命意识。首先，建立温馨、人性化的教育环境。教师可以组织学生制作属于自己的个性化标签并粘贴在教室，这样有利于教师对学生有更清晰的了解，更好地做到因材施教，又有利于学生认识到自己的独特性，并学会接纳自己、欣赏自己，绽放生命自信。教师还可以适时适当地在班级里张贴温馨的师生互相学习、共同努力进步的标语，使大学生在学习的过程中感受爱，感受生命关怀教育带给自己的幸福感与满足感，并学会关心和尊重每一个人。其次，营造良好的学习氛围。良好的师生关系是营造良好的学习氛围的重要前提，高校思想政治课程的教师在渗透生命关怀教育的过程中，可以与学生保持和谐的交流状态，认真倾听学生的真实想法，适当给予学生正确的心理疏导与行为导向，使学生做一名有爱心、负责任的社会成员。每个大学生都是鲜活的生命，一段教育历程，便是一段生命历程。生命关怀教育应当是人性化的教育，而不是规训化的教导；同时，生命关怀教育也应当是生活化与终身化的过程，需要教师与学生相互分享、一同体验、共同参与，去唤醒大学生的生命意识，激发大学生的生命活力，挖掘大学生的生命潜能，拓宽大学生的生命广度，进而使大学生追求生命的意义、实现生命的价值。①

大学生应当珍爱自己的生命。人的生命具有两重性，一重是肉体的生命，体现了人的动物性；另一重是精神生命，体现了区别于动物的人的特性。生命的两重性，前者是后者的前提和基础，没有生命的存在，谈不上生命的意义。所以，世间最宝贵的是什么？是生命。我们反对脱离生命空谈"意义"，反对以生命的牺牲为代价，来表达所谓的"死"的伟大。大学生在深刻理解了生命宝贵的意义之后，既能珍惜自己的生命，又能珍爱他人的生命，还包括宇宙间万物之生灵，懂得人的生命是可贵的，它是一切情感、智慧、美好事物的载体。

总而言之，生命教育融入高校思想政治理论课程的教学，旨在帮助大学生树立正确的生命价值观，学会珍爱生命，树立生命意识，并在未来的工作中实现生命的价值。高校思想政治理论课程中应渗透生命教育思想，关注大学生成

---

① 李伟．批判与重建：个体生命自觉与当代学校教育［M］．武汉：华中科技大学出版社，2013.

长，注重对大学生的生命教育和人文关怀，塑造大学生“珍爱生命、尊重他人、关心社会”的健全人格。同时，应加强大学生的受挫教育，指引大学生树立积极进取的人生态度，帮助大学生形成健康的生命意识，积极提升生命质量，促进生命和谐成长。

三、生命化教学模式构建的途径

（一）多样化课堂教学

课堂的多样化不仅体现在学校立体课程设计的多样化上，更体现在学科教学特色的多样性上。在课堂教学中运用灵活多样的教学风格、学术个性和实施策略，以达到有效教学的目的。教学方法是教师在教学中思考问题、处理问题和指导教学工作的方式和方法。思想政治理论课是对学生进行高校思想政治教育的主渠道，关系到学生正确世界观、人生观、价值观的形成。当前加强和改进高校思想政治教育对思想政治理论课教学提出了新的更高要求。如何进一步增强思想政治理论课教学的针对性、实效性、吸引力和感染力是每一位思想政治理论课程的教师需要思考的重要课题。而教学方法是影响思想政治理论课程教学效果的主要因素，要想提高教学实效性，应当在教学方法探索上下功力。学生参与的专题讲授教学法、热点问题研讨法，分享教师自身人生经验的沟通交流法、典型案例教学法、网络教学法、社会调查法是这方面的有益尝试。

1. 学生参与专题讲授教学法

学生参与专题讲授教学法是指学生在教师指导下发挥主观能动性，参与到主题明确的教学中来，在师生互动中得到教育的方法。这种教学方法能很好地体现学生作为受教育者的主体性。很长一段时间内，在教学中存在片面的以教育者为主体的单向主体观，把学生单纯定义为接受教育的受教育者。其实，一个真正有实效的教育过程，一定是一个双向的程：教育者有效组织实施教育的过程和受教育者能动接受教育并进行自我教育的过程。所以，学生参与专题讲授教学法有效地体现了教育者与受教育者主体性有机统一的新观念。

鉴于此种考虑，在高校思想政治理论课程的教学中，教师尝试让学生来讲授某个专题内容。这种方法要求教育者事先列出本专题的主要问题，然后把学生分成几个小组，分别去准备。以“思想道德与法治”课上的第一章“追求远大理想坚定崇高信念”为例，老师可以大幅减少课堂讲授的比例，留较多时间让学生就理想中一些专题进行研讨，首先，把内容分成几个专题，例如，优秀人物采访专题（重点访谈采访对象不同人生时期的理想，总结其中的变化规律和实现理想的条件）、理想与现实的关系专题、大学生理想与成才专题、理想与人生价值专题、杰出人物与理想专题。然后，让学生分组去准备。紧接着要求每组同学将准备好的专题内容制作成 PPT 在班级汇报。最后，老师进行点评和总结。这种做法极大地激发了学生学习研究的兴趣和能力。

2. 热点问题研讨法

思想政治理论课程涉及的内容十分广泛，现实性、针对性都很强。鉴于此特点，教师在教学中要运用理论联系实际的热点问题研讨法，结合社会的热点难点与学生的思想困惑，深化对教材内容理论的挖掘，强化理论对学生实际思想的指导。如“扶不起的老人”等社会的热点难点问题，学生在如何认识、评价及行动方面存在思想上的困惑。思想政治理论课的教师对这些问题不能回避，要予以正视和解决。要和学生勇敢研讨，在研讨中给予积极引导。下面以“扶不起的老人”这个社会热点问题为例，谈谈如何开展热点问题研讨法。首先，对“在身边的老人倒下时应不应该扶起他们”这个问题展开研讨，学生观点纷呈，意见不一。老师评价学生的观点后，引出集体主义这个理论，进而得出“为了维护我们真实存在的个人，我们全社会（集体）义不容辞地伸出温暖双手扶起他们，扶起他们就是扶起我们自己”的结论。其次，在此基础上，进一步提出“在老人倒下时该如何扶起”的议题，刚开始同学们针对“如何不被讹上”“敢不敢扶起”的证据固定以及扶起风险成本问题进行讨论，接着他们运用所学理论，进一步讨论个人、集体、国家等主体之间的利益关系，进而得出“与人身意外伤害相关的社会保障制度的完善”的结论。虽然有些同学的结论仍略显稚气，但最终，在“作为大学生，不仅仅要在实际的生活情形中勇于伸出双手扶起老人，而且要通过自己的努力学习在未来的中国法治建设中为扶起老人做出更大的贡献”这个讨论结果上形成绝对意义上的共识。这样，通过对社会热点问题的探讨，解开了学生思想上的困惑，也更加深刻地理解了集体主义这个抽象的原则与内容。

3. 分享教师自身人生经验的沟通交流法

教师对学生影响的直接性和学生追求教育过程中的真诚性，使得教师的自身经历在教学中的价值激增。对于许多重大事件和实际问题的理解，如果能够以过来人的身份，以自己真实而深切的经历，介绍给学生参考，对学生思想的引导将会起到极大的作用。教师个人的亲身体验和亲眼所见对学生的认识和判断有比较高的参考和思考价值。这不但增加了教育内容的真实性和可信度，还加深了师生之间的了解和感情。而且运用亲身体验说明一个抽象的道理，等于把自己多年的认识转化为学生的认识，这将会大大缩短受教育者的认识过程。鉴于这种理解，在高校思想政治理论课程的教学中，老师要抓住每一个契机，和学生分享自身的人生经验。比如，在“人为什么活着?”这个人生观根本问题上，老师和学生分享了自己在不同阶段：中学的我、大学的我、刚工作的我以及现在的我对这个问题的不同理解。认识程度越来越由感性向理性、由肤浅向深刻发展。教师和学生平等地探讨这个变化过程，可以提高学生对探讨结果的接受度。

4. 典型案例教学法

思想政治理论课程教材的理论性比较强，不易被学生理解和接受。如果老师在教学中只注重讲授，注重教学内容的系统性、条理性和科学性，虽然具有较强的说服力，但它缺乏教学过程中师生情感的相互交流。缺乏情感交流的教学，实效性很难得到保证。而通过精选日常生活中一些有一定影响、有思考价值、有教育意义的案例供学生讨论，往往会取得良好的教学效果。因为案例教学从信息传递模式上看，是一种双向传递模式，有助于变注入式教学为参与式教学。从认知规律上来说，符合由感性认识上升到理性认识的认知规律。这也是将抽象的教材体系向感性、形象的教学体系转换的重要介体。比如，在思想政治理论课上，为了引导学生要有远大的理想，我们讨论“感动中国年度人物”徐本禹。为了让学生明白法律思维方式具备的重要性和特征，我们讨论过清华大学学生刘海洋伤熊案等。这些典型案例具有的共同特点就是“精、近、新、真”。“精”，是要求老师在选择案例的时候，不能随手拈来，要精挑细选，好的案例会对所要说明的问题具有很强的说服力。“近”，是要求所选案例要贴近学生生活，最好是学生充分熟悉的事物。“新”，是对选择案例时间上所做的要求，要尽量选择最新的案例，最新的案例通常是受教育者最关注、冲击力最大的，能够增加吸引力。“真”，是指案例选择的真实性，教育者在选择案例时首先要甄别真假，真实的案例可信度高，教育价值大。

5. 网络教学法

互联网的迅猛发展，使得网络成了现代学生生活中密不可分的一部分。高校思想政治理论课程的教师也要与时俱进，跟上时代和学生的步伐，学习网络知识和技术，利用现代教育手段开辟思想政治理论课程的新阵地。单纯把对学生的引导局限在课堂上，已经跟不上形势的发展和学生的实际情况。思想政治理论课程的教学必须考虑向课堂外延伸。而且网络教学法有其自身的优势，能对课堂教学进行有益的补充和支持。再者，现行的许多教学方法是在老师和学生面对面的情况下进行的，而网络教学法是老师和学生背对背，具有隐蔽性的特点。这种特点决定了在这个平台上教育者和受教育者有着更开放、更真诚的交流，利于把握受教育者真实的思想。尤其对于一些性格内向、沉默寡言、不爱在公开场合表达想法的同学来说，这个平台可以满足他们的参与需求。所以，思想政治理论课程的教师要重视网络教学法，及时通过网络平台延伸课堂教学，为更多学生解疑释惑。

6. 社会调查法

引导学生开展社会调查是开展高校思想理论课程的实践教学的有效途径。它可以延伸思想政治理论课程的教学空间，增加学生了解社会、接触生活的机会，可以让学生增强问题意识。发现式的学习可以让学习变成一个发现问题、分析问题并解决问题的学习过程，摆脱被动学习的痛苦，还可以提高学生的协作能力。在实际教学中，笔者对这种教学方法进行了探索。首先，教师依旧要发挥主导的作用，指导和帮助学生确定选题。一般会结合课本和学生的学习、生活实际确定调查的主题，主题要突出教学重难点。其次，鉴于社会调查是个专业性很强的活动，教师要指导学生去自学关于社会调查方面的理论知识和基本的操作方法。再次，依据每位学生的实际和特长对学生进行问卷设计、实地调研、整理分析资料、撰写调查报告等任务的明确分工。然后，每组派出代表就调查中遇到的问题、形成的结论分别到课堂上来进行汇报与交流。最后，教师要对本次调查活动进行系统的总结和分析。

（二）体验式课堂教学

体验式教学是指在教学过程中为了达到既定的教学目的，从教学需要出发，引入、创造或创设与教学内容相适应的具体场景或氛围，以引起学生的情感体验，帮助学生迅速而正确地理解教学内容，促进他们的心理机能全面和谐发展的一种教学方法。体验式教学法创建的是一种互动的交往形式，强调重视师生的双边情感体验。教学过程中既是师生信息的交流过程，同时也是师生情感的交流过程。教师关爱学生，重视学生，欣赏学生，尊重每个学生的人格，倾听学生的意见，接纳感受，包容缺点，分享喜悦。让学生体验到亲切，温暖的情感，从而产生积极的情绪和良好的心境，在积极向上的精神状态下愉快地学习，并能主动克服困难，奋发进取。

体验式教学法就是要在教学过程中引起学生积极的、健康的情感体验，直接提高学生对学习的积极性，使学习活动成为学生主动进行的、快乐的事情。情感对认知活动的增力效能，给我们解决大学生中普遍存在的学习动力不足的问题以新的启示。情感的调节功能是指情感对认知活动的组织或瓦解作用，即中等强度的、愉快的情绪有利于智力操作的组织和进行，而情绪过强和过弱以及情绪不佳则可能导致思维的混乱和记忆的困难。体验式教学法要求创设的情境就是要使学生感到轻松愉快、心平气和、耳目一新，促进学生心理活动的展开和深入进行。课堂教学的实践也使人深深感到：欢快活泼的课堂气氛是取得优良教学效果的重要条件，学生情感高涨和欢欣鼓舞之时往往是知识内化和深化之时。

众所周知，意识心理活动是主体对客体所意识到的心理活动的总和，包括有意知觉、有意记忆、有意注意、有意再认、有意重现（回忆）、有意想象、有意表象（再造的和创造的）、有逻辑和言语思维、有意体验，等等。但遗憾的是，包含如此丰富内容的意识心理活动仍然不能单独完成认识、适应和改造自然的任务。体验式教学的最终目的也正在于诱发和利用无意识心理提供的认识潜能。构建主义知识观认为学生对知识掌握的过程并不是一个“教师讲授—学生聆听”的简单过程。学生的学习应该是一个“听课理解—动手实践—体验转化—想象探—生成创新”的动态过程。在这个动态过程中，学生的生命体验是实现知识有效转化、思维品质形成、综合素质发展的重要途径。

马克思主义不是空洞、虚幻的形而上学的哲学思辨，它从诞生之日起就具有伟大的实践精神，是广大人民群众改造世界和改变自身命运的武器。因此，对马克思主义理论的学习就是一个将理论与实践相结合的过程。在马克思主义理论课的教学中，要高度重视实践教学，也就是要注重学生的生命体验，在体验中促使学生将知识进行整理与反思，使之得以自我内化，并最终在实践中表现出来，实现生命价值。没有人的情感，就从来没有也不可能有对真理的追求。生命教育是一种追求教育本真的全新教育。在高校思想政治理论课程改革实践中融入生命教育理念，为思想政治理论课程教学改革注入了生命活力，从而使得思想政治理论课程更加关注对学生的人文性生命意识的培养，引导学生认识生命的意义，提升学生的精神境界，培养学生的个性，完善学生的人格，让生命因接受教育而精彩，让教育因尊重生命而深刻。

生命化教学关注生命的体验，“只有体验的东西，才能内在于人的生命之中，融化为生命的一部分。从这一意义上来说，体验是进入生命的唯一通道”。体验对于大学生追求情感的交融、生命的升华、思想的解放具有十分重要的意义。可见，注重情感体验的实践教学与生命化教学的理念是相吻合的。教育的终极目标就是要实现学生的全面发展，而促进学生的全面发展就需要为其创造丰富多彩和不断发展的生命体验的环境和条件。为此各类大学生实践基地和学生社团的建立，为大学生在实践中学习马克思主义提供了良好的环境。学生的社会实践主要通过实地实践和虚拟实践所构成，其两者各有优缺点。下面以实地考察和虚拟技术融入思想政治理论课程生命化教学为主来阐述学生的社会实践课堂。

（三）生成性课堂教学

课堂不仅是传承人类科学文化知识的场所，更是培育生命、发展生命，让生命更有价值的教育载体。课堂教学不仅帮助学生在聆听理解的基础上生成学科知识体系，同时还为学生的精神生命构建了一个有意义的世界，使课堂成为教师和学生知识、能力、思想、智慧共存共生的舞台。课堂教学应突出其过程性，让学生在知识的发生、发现、应用过程中，在问题的分析探索过程中，通过师生对话、独立思考、自主探究、合作交流等活动，自主完成学习过程、优化学习效果。传统教学关注的是教学结果，生成性课堂教学则更为关注教学过程，教学的核心不是目标的达成而是学生的发展，而学生的发展是在具体教学过程中实现的。

苏霍姆林斯基曾经说过：“教育的技巧并不在于能预见到课的所有细节，而在于根据当时的具体情况，巧妙地在学生不知不觉中做出相应的变化。”生成性课堂教学指的是在教学中，充分重视师生生命活动的多样性和教学环境的复杂性，把每节课都视作是不可重复的激情和智慧的综合生成过程的课堂状态。它强调教师、学生、教材三者之间的互动，即学生在原认识的基础上，通过与教师、文本的对话交往，实现意义的获得和提升。因此，“生成性”是一种动态的教学，是一种多样化的教学，是一种提升的教学。生成性课堂教学也是相对于预设式教学而言的，与预设式教学的被动接受相比，生成性课堂教学更强调学习的自主构建，与预设式教学的静态预设相比，生成性课堂教学更强调教学的动态生成。可以说，“生成性”是对“接受性”的一种批判和超越，是对“预设性”的补充和修正。生成性课堂教学的提出，是对教学认识深化的结果，同时也为课堂教学设计提供了新的视角。

课堂教学应该关注在生长、成长中的人的整个生命。对智慧没有挑战性的课堂是不具有生成性的，有生命气息的课堂也不具有生成性。从生命高度来看，每一节课都是不可重复的激情与智慧综合生成过程。思想政治理论课程肩负着帮助学生树立正确世界观、人生观、价值观的职责，教师更需要用生成性的教学思想调动学生的积极性，帮助学生构筑生动的“认知和情感体验”，达到高校思想政治理论课程的教学思想性和教育性目的。思想政治理论课的内容不仅仅是外显的明确的社会科学知识，学生的生活和履历情境等个人的缄默知识也是其课程的重要内容。学生的学习过程是主动的自我组织，是学生对教学内容的自我构建的过程，真正的思想政治理论课堂要求学生切实地参与和体验的生成，需要学生和教师思维与激情的投射，也就是需要学生自发地被吸引进课堂情境，有投入思考、参与交流的兴趣与激情，并且在这个过程中切实有所感受有所收获。

近几年，高校思想政治理论课程的教学在网络等新型通信传播媒介的带动下，教学形式和内容都有了与时俱进的变革。教学短视频（微课等）更加能体现学生的主体性地位，并伴随着“翻转课堂”的新型教学模式的不胫走红，新型的课堂和教学模式正呼唤着“学生中心”的理念，动态性的、过程性的生成性课堂教学不论从教学理念，还是从教学方式上看，都是目前高校思想政治理论课堂教学改革中的应有之义。在生成性课堂教学中，教师通过预期设计、创造教学情境，让学生进行分析探究，教师参与讨论、交流与总结；学生发现问题、解决问题，在问题探究过程中获取知识，提高能力。应该说，生成性课堂教学更倡导以一种自然生长的态度让学生自发地去体验和感受。减少使用讲授的方式，更多地以直观感知的方式为主，将教学素材呈现给学生，直观地让学生自己去体验，且适时给予启发来激发学生的探究动机，帮助学生在课堂参与中生成“认知体验”来提高高校思想政治课堂教学的效果，达到培养正确的认知、情感、价值观等方面的教育效果。

第三节　生命化教学模式的实践

在高校思想政治理论课程中渗透生命教育，教师就需要充分开发生命教育资源。作为高校思想政治教育的主渠道，高校思想政治理论课程的价值不仅仅是向学生传输预设的道德认知以及纯粹的思想理论，更关键在于引导学生实现人生价值和意义，促进学生的全面发展。高校思想政治理论课程的教材中有很多蕴含生命教育的素材和资源，理应作为生命教育的主要平台以及课程载体，承担生命教育之责。教师可以充分挖掘教材中的内容，将这些元素整合在一起，渗透到课堂教学中。思想政治理论课应以个体生命为起点，由个体生命关怀引导对于生命责任的担当、由个体生命体验引导对于社会本质的理性批判，在提升个体生命价值的过程中实现思想政治理论教育的价值诉求。教师应充分挖掘生命教育素材，突出生命视角，并且找准契合点，在高校思想政治理论必修课程中关照生命，用生命教育去丰富思想政治理论课程的教学内容，创新思想政治理论课程的教学模式，构建富有生命活力的思想政治教育课堂。

一、生命教育融入“思想道德与法治”课程

“思想道德与法治”课程主要以学生生命成长体验为主线，帮助初入高校的大学生在感悟生命的过程中树立正确的世界观、人生观、价值观，侧重于引导学生尊重生命，追求有价值的理想人生。① “思想道德与法治”课程在大学生生命教育中具有不可替代的功能。在教学实践中，我们应不断挖掘其生命之维度、精神之内涵，将生命教育有机渗透到“思想道德与法治”课程的教学中。

“思想道德与法治”课程的教学目的和任务是根据大学生成长的基本规律，用科学思想和理论教育引导他们过一种科学而正确的生活，培养和提高他们的道德能力和法律素质，提升他们与社会主流价值观相适配的品质和修养。课程的教学目的和任务蕴含着丰富的生命教育内容，而且生命教育的目标正是前者目的和任务得以实现的最深刻的基础。因为生命教育就是使受教育者对生命本身关注、热爱和敬畏，无论是自己的生命，还是他人的生命。试想，一个连自己和他人生命都不珍爱和敬畏的人，怎么可能与他共语道德的崇高和法律的权威？正

① 徐曼. 关于在“思想道德修养与法律基础”课中加强大学生价值观教育的几点思考［J］. 思想政治教育研究，2007（05）.

基于此，生命教育是“思想道德与法治”课程的教学目的和任务的题中之义。

“思想道德与法治”课程属于德育教育。德育课程侧重于人对生命本身的理解和体悟，其目的是帮助人确立正确的世界观、价值观、人生观和生命观。从课程内容而言，“思想道德与法治”课程是一门以马克思主义、毛泽东思想、邓小平理论、“三个代表”重要思想、科学发展观和习近平新时代中国特色社会主义思想为指导，对学生进行适应教育、爱国主义教育、责任教育、道德教育、理想和信念教育以及法制教育的课程。无论从性质还是从内容而言，“思想道德与法治”课程都渗透了丰富的生命教育内涵和意蕴。生命教育在“思想道德与法治”课程的教学内容中渗透，就是要在对学生进行思想道德修养和法治知识教育时，要以学生作为自由的生命个体、有尊严的生命个体、对生命有自我独特理解和体悟的个体以及可以发展和超越生命境界的个体为基础。而这些又必须包含在我国现有特定的文化背景和政治生态之内，凸显出我国当代国情和基本的社会现状。

由于课程内容的抽象化与理论化，很容易造成与生命的内涵与现实化之间的矛盾。同时大学生正处于生理和心理趋于成熟的过渡期，抽象逻辑思维迅速发展，但又具有主观片面性，在缺乏引导的情况下无法有效将生命视野投向社会、人类乃至整个自然。因此，要以生命为原点，以生命个体的生命成长为线索，遵循学生生命成长规律，有机地融入生命教育。在“理想信念教育”“道德教育”“法制教育”等专题中，都涉及生命个体在成长过程中的素质与能力教育，涉及生命价值取向、生存技能等知识。在探讨“理想信念教育”时，引导学生确立个人理想、坚定理想信念，摆脱现实生活中无意义的生命状态，追求有价值的生命；在探讨“道德教育”时，可联系生命个体的日常生活世界，结合具体的生命成长环境，为学生设置相应情境，使得大学生从日常生活中的小我升华到崇高的大我境地，提升人生境界；探讨“人生价值教育”时，融入生命意识、生命价值及奉献意识，利用情感、意志和信念去创造有价值的人生，促进自我价值与社会价值的统一，树立为人民服务、为社会奉献的生命价值取向，引导学生超越自然生命，成就社会生命；探讨“法制教育”时，不仅仅是从实体法律程序和社会主义法律制度本身来讲，而是将法制的遵守与生命个体素质和能力的提升联系起来，引起学生共鸣，促使学生体验到生命的乐趣和美好。

二、生命教育融入“中国近现代史纲要”课程

“中国近现代史纲要”课程，从生命的历史演进过程和历史的选择中探寻生命个体与民族复兴、国家富强的关系，向学生渗透学会负责、勇于担当的生命责任意识，在创造性社会实践中实现自我创造。例如，在“中国近现代史纲要”这门课程中，讲到中国历史的发展进程和发展规律时，可以将一些伟人的事迹穿插到教学内容中，讲述这些历史伟人对生命价值的认识，以及当他们遇到困难和挫折时是如何应对的，让学生在这些历史实例中感受生命价值的力量。让学生在思想政治理论

课程中获取知识，获取对生命的认知，从而不断地创造自我，实现自我，提高自身的综合素质。

在“中国近现代史纲要”课程中，将社会要求与个人生命成长相契合，不仅仅要从理论上进行宏观叙事，还要从微观层面上将历史选择与生命个体内心选择相互融会贯通，引起学生共鸣，注重精神和思维的目标层次，激发学生将个人命运与民族命运紧密结合，鼓励学生创造有价值的人生①。

以人的本质为逻辑起点，注重人文关怀，引导终极生命价值追求。从鲜活的生命个体出发，由生命关怀引向对社会责任的担当、由生活体验引向对社会本质的理性批判。在“中国近现代史纲要”课程中，注重三个层次选择：中国人民对先进阶级及其政党的选择、中国共产党对正确道路及路线的选择、中国先进人物在生命困境中的抉择。其中第三个层次更易激发学生共鸣，只有深入到第三个层次，才能加强学生将个人命运与民族、社会命运相结合的意识，从个体生命成长的角度探求和理解个体与国家富强、民族复兴之间的关系。

因此，要引导学生从关注、改变个体的生存状态到认知个体命运对社会发展的价值，将人民的选择内化为自身选择，坚定自身生命信仰。生命不仅仅属于自己，更是一种社会性的存在，于家庭、于社会、于国家都必须承担责任，生命本身就是一种责任，也是个体践履责任实质即追求生命意义、探索生命

① 戴世琴．高校思想政治理论课渗透生命教育的对策研究［D］．南宁：广西民族大学硕士学位论文，2009.

价值的过程。青年学生应树立高度的生命责任感，走出象牙塔和个人圈，走向社会和自然，自觉以“社会成员”“国家公民”的姿态反观自我生命，通过创造性的社会实践满足社会和他人的需要，努力克服生命虚无之感，升华自我精神境界，实现自我生命价值。

历史是由无数鲜活的生命个体构成的动人图景，无数个体共同推动了历史的齿轮。在宏大历史叙事过程中要注重与历史细节相结合，与历史人物对话，倡导生命化叙事，生动呈现历史人物的生命价值取向。通过近代以来先进的知识分子和人民群众为救亡图存而进行的艰苦奋斗，唤醒学生内在生死忧患意识，提高明辨是非的能力。积极主动承担个体对于他人、集体、整个社会的责任，明确肩负建设祖国的重任。在注重历史结论的同时，关注学生的生命体验；在挖掘历史规律的同时，重视生命个体成长规律。从现实的需要出发，用历史唯物主义观点反思和评价历史，体验历史人物对生命的卓越追求，在历史感悟中体验人生价值。

三、生命教育融入“马克思主义基本原理”课程

“马克思主义基本原理”课程应向大学生渗透坦然面对生死的超越意识，辩证地看待生命，从具体的、现实的人出发，正确分析和处理生命个体与自我、他人、社会和自然的生命关系，加强对个体全面发展的理性认识。

在唤醒生命意识的过程中，理解和树立马克思主义世界观。马克思主义哲学本质是一种实践的世界观，它为我们提供

了一把理解生命的万能钥匙——实践。某种程度上说，以实践为基础的世界观其价值本身可看作生命个体的自我体验。个体不断由内向外进行探索，在与自我、社会和自然的探索中形成生命关系。人是无法脱离社会和自然生存的，正是在与自我、他人、社会以及自然的关系中，探讨出生命的本质和价值，实现求真、求善、求美。从一定程度上来讲，马克思主义世界观提供了生命个体现实生存以及全面自由发展的实践论。

生命教育融入马克思主义理论教育，将马克思主义的意识形态性与个体感性相结合，围绕当代青年学生生存环境的变化不断探索理论逻辑与生命成长诉求的契合点，拓展马克思主义理论教育的新境界。将生命之感性与马克思主义之理性紧密联系，促使生命价值能够在理论层次得到澄清、阐释及升华。在唤醒生命意识的过程中，引导学生尊重生命，自觉进行生命认知的合理构建。

在生命价值的提升过程中，崇尚和追求马克思主义社会理想。马克思主义从具体的、现实的人出发，更深层次回答了人与世界的关系，它不是抽象的谈论人的个性与价值，而是通过社会实践实现人的全面发展，其基本理论本身内涵生命教育功能。通过马克思主义理论教育，使得生命个体对“真我”形成理性认知，处理好自然生命的关照与精神生命的提升、现实生命的体验与理想生命的构建之间的现实关系，引导学生超越自我，实现人生境界的升华。人的生存和发展是一个不断提升精神境界、实现人生价值的过程，通过从物质到精神、从具体到抽象的逐步提升，确立合理的生存方式，最终实现人的全面发展和彻底解放。

在马克思主义理论教育过程中，在学习“物质世界和实践”章节时，引导学生尊重自然生命，在社会活动和劳动实践中展现社会生命，实现自我肯定和发展；在“事物的普遍联系与发展”章节中，引导学生正确认清事物发展的本质，事物发展过程并非一帆风顺，正确对待生命过程中遇到的挫折和磨难；从矛盾的对立统一中探讨生与死，引导学生树立正确的生死观，合理认知生与死的辩证统一关系，促使学生意识到生命的有限性，并且以死亡为参照，反观生命的意义和价值，将生命重心转移到对现实的关注，追求永恒和对死亡的精神超越。此外，教师通过介绍马克思主义伟大的生命体验，引导学生感受伟人对于生命价值的诠释，给学生以心灵的洗礼和精神的震撼，激励学生不断探索和追求真理，自觉进行自我创造和超越。教育者以此为契机和榜样，感知马克思主义对人类的真切关怀。在引导个体生命的价值提升中，崇尚和追求马克思主义社会理想，实现人的全面自由发展。

四、生命教育融入“毛泽东思想和中国特色社会主义理论体系概论”课程

在“毛泽东思想和中国特色社会主义理论体系概论”课程中融入生命教育，渗透历史人物勇于抵御挫折的苦难意识，将个人的生命激情投入社会主义事业，实现自身生命价值取向与整个社会价值取向相契合，在更高的精神层次上实现自我的人生价值追求。

在传播党的方针政策以及相关理论体系时，首先要注意到教育对象都是活生生的生命个体，并且都有自身价值追求、目标和理想。因此，要尊重个体情感和生命需求，加强人文关怀，将短期规划与长期规划相协调，兼顾个人需求和社会愿望，从内心深处激发他们的生命责任感，引导学生自觉投入中国特色社会主义建设事业，在理想社会的构建中实现自我生命价值。

生命教育往往基于生命的共生体本质来论证生命的价值和意义[①]。生命个体不是孤独的存在，而是内在整合了自我与他我、内在与外在的存在状态，由此个体生命的存在也是一种社会责任的体现，由自我推向他我、小我推向大我，在奉献社会的过程中实现自我生命价值，并且在自我生命价值的超越中达到思想政治教育的价值诉求。教师要引导学生在信仰迷失和精神危机的年代，自觉以伟人为榜样，在理性选择中坚定科学、崇高的生命信仰，为人的精神提供强大支撑，并将信仰转化为生命实践之动力，促进生命的成长，自觉将个体理想与社会发展方向相契合。

生命的基本需求分为物质需求、精神需求、政治需求和社会需求，这四大需求与教材中经济建设、文化建设、政治建设和社会建设相契合。从生命的物质需求来讲，在满足自身需要的基础上，引导学生的社会发展和进步为目标诉求；从生命的

① 韩小谦. 在生命的感悟中启迪思考：高校思想政治理论课改革的难点与突破［M］. 北京：中国社会科学出版社，2011.

精神需求来讲，通过领袖人物的生命抉择和价值追求，激励学生积极投入社会主义事业建设中来，拓展精神境界；从生命的政治需求来讲，切实增强对于生命政治权力的认知，强调生命的平等性，注重以人为本；从生命的社会需求来讲，生命个体与社会个体相联系，要正确处理好生命个体与他人、社会的关系。结合生命个体四大基本需求，在满足个体物质与精神需求的情境之下，拓展到社会主义事业建设等宏观层面，微观与宏观相结合，引导学生自觉寻找其社会价值归属，促进学生全面发展①。

五、生命教育融入"形势与政策"课程

"形势与政策"课是高校思想政治理论课程的重要组成部分之一，是对大学生进行形势政策教育的主要渠道、主要阵地，是大学生的必修课程。"形势与政策"教育的根本目的是帮助大学生学会运用马克思主义的立场、观点和方法分析国内外形势，把握党的路线、方针和政策，并坚持理论联系实际的原则，联系当前的国内外大事以及人们普遍关心的问题等，让自己成为与时代和社会发展要求相适应的，具有健全政治人格的大学生。

社会历史的大发展已决定了个人发展，制约着可选择度，决定着大学生成功的概率，影响是具体的，也是深远的。当代

---

① 刘英．思想政治教育与生命教育的契合［D］．长沙：湖南师范大学硕士学位论文，2006.

大学生必须学习形势与政策，懂得灵活变通，具备创新能力。与此同时，还应顺应形势与政策的变动方向，发展自我，找准自己的发展目标，结合自己的优势，定位自己的方向及发展地位。依据个人目标，制定切实可行人生目标，努力奋斗，不断提高个人能力，形成对形势与政策敏锐的洞察力和深刻的理解力，培养超前的把握形势与政策的胆识，实现自我大发展。树立远大理想，做一个对祖国有用的人才，为祖国的发展、繁荣昌盛做出贡献。

生命教育融入“形势与政策”课程主要有两个途径：

首先，在“形势与政策”课程的教学过程中，积极引导大学生珍爱生命、树立正确的世界观、人生观和价值观，提升大学生的生命质量。经济全球化和文化多元化的发展趋势，为当代大学生获取信息、开阔视野提供了宽广的平台，也使他们的生命得到了极大的丰富与发展。而生命教育融入“形势与政策”课程的教学过程中，就是更好地贯彻落实中央的有关精神，解读当代大学生关注的热点问题，帮助大学生正确掌握分析形势的立场、观点和方法，帮助大学生在纷繁复杂的国内外形势下正视我国面临的机遇与挑战，坚定信念，振奋精神，努力学习，报效祖国，让大学生在为他人服务、为社会做出贡献的过程中体会真正意义上的幸福，升华自己的人生境界。

其次，在“形势与政策”课程的教学过程中，切实关注大学生生命的存在和大学生生命的全面和谐发展，帮助大学生思想政治教育真正实现“以人为本”教育理念的转向。随着科技的飞速发展、社会主义市场经济建设的不断推进以及人们思想、行为的日益复杂变化，传统大学生思想政治教育逐渐陷入了实际效果弱化的现实困境。而把生命教育融入“形势与政策”课程的教学过程中，其根本目的是帮助大学生学会运用马克思主义的立场、观点和方法分析国内外形势，把握党的路线、方针和政策，并坚持理论联系实际的原则，联系当前的国内外大事以及人们普遍关心的问题等，让自己成为与时代和社会发展要求相适应的具有健全政治人格的大学生。这个“实际”具有现实性和针对性，可以使青年大学生从对现实政治问题的分析与解决过程中明确立场，从而逐渐培养自己正确的政治意识、政治鉴别力和政治敏锐性，从而实现自身的人本转向。

第七章　高校思想政治理论课生命化教学模式的实践与运用

马克思主义理论蕴含丰富的人文精神，马克思主义本身就是19世纪人类创造的优秀思想成果的杰出代表。马克思主义哲学是智慧的科学，它引导学生形成正确的世界观、人生观、价值观，引导学生辩证地看待问题。马克思主义政治经济学是市场经济的哲学，揭示了社会经济现象的本质，揭示了人类经济发展的远大前景。科学社会主义指导下的社会主义运动波澜壮阔，体现人类整体生命价值探索的历史进程，中国特色社会主义理论体系作为当代中国的马克思主义，更是展示了丰富多彩的现实社会的生命生存状态。在高校思想政治理论课程中运用生命化教学方式，是提高思想政治理论课程的教学效果，实现高校德育目标的重要方法和途径。

第一节　建立平等和谐的师生关系

教学是教师与学生之间的交往过程，是“教”与“学”双方相互交流、相互沟通、相互启发、相互补充，进而分享彼此的思考、经验和知识，交流彼此的情感、体验与观念，从而达成共识，形成“学习共同体”，实现共同发展的过程。师生之间的平等对话有助于破除“奉教材为圣经，视教师为权威”的传统观念，促进了大学生自主探究、自我思考，敢于突破前人、挑战权威的进取精神。同时，大学生作为真正独立的主体能够更充分、更自由地发表自我见解，在与教师、学生的对话和合作中，自主地构建自我的知识、经验、情感和价值，完成生命的自我体验和自我超越。

一、树立以生为本的尊重观

生命化教学中强调师生的平等对话，一方面意味着教师由传统的知识传授者转向学生发展的促进者，另一方面逐步转变高校学生依赖于教师，服从于教师的习惯定式，从而体现为主动的、独立的、自主学习的过程。这也必然带来学生在学习态度和学习方法上的彻底转变，从而提升高校思想政治理论课程的学习效果。生命化强调，师生在教学活动中生命的相互促进，意味着师生关系要打破传统的“主体—客体”关系，双方在平等的基础之上进行对话、交往，意味着双方成为教学活动中的共同体，进行合作性意义的构建，双方互教互学，亲历生命的成长。在这种平等和谐的师生关系中，学生才能充分发挥其自主性，教师才能保持对教学的热情，使教学成为丰富师生生命内涵，提升生命境界的活动。

传统思想政治课程更多的表现出以物为本，注重知识点的记忆、考试的分数等外在指标，生命化教学则要求教学中要树立以“生”为本的教学理念。以“生”为本即把学生看作是教学的主体和目的，让学生在教学中感受到温情、感受到爱，学生在教学的珍视和呵护中体味生命的价值。为此，教师应该在教学中做到心中有“生”。

确立学生的主体地位。首先，在教学中，学生作为思想政治课程的教学活动的行动者，教师要给学生以引导，调动学生的积极性和主动性，给予他们充分的主动权，让学生在教学活动中勇于表达自己的想法、情感，激发学生的主体意识。其次，在教学中，教师要充分认识到学生之间的差异和特有的需要然后展开教学，能够尊重学生的差异，并予以帮助。在教学中教师既要注意对全班学生基础知识的教授，又要针对不同的个体的需要予以针对性的教学，使学生能够获得既全面又有个性的发展。最后，教师要理解学生。思想政治理论课程的教师教学班级多，思想政治理论课程的教师为了更好地关心和理解学生应该要深入到学生中去，了解学生的成长过程，关注他们的行动和情绪变化，发挥教师的主观能动性去援助学生，指导他们的思想和行为，使他们能够健康成长。

教学从学生的实际出发。思想政治理论课程的目标之一就是要解决学生的思想认知问题，提高学生的思想品德和思想道德素质。首先，教师要了解学生的思想实际状况，这样在教学中才能引起学生的共鸣，使学生将所学的理论知识内化为学生的思想观念，外化为学生的实际行为。其次，在教学中，教师要能从学生所关注的实际问题出发，学生所关注的问题即是他们的兴奋点，使思想政治理论课程的教学理论与实际相结合，提高思想政治理论课程的吸引力，使学生产生对思想政治理论课程的价值认同。最后，在教学中教师要从学生的现有水平出发，教师要了解学生现有的知识结构，这样才能制定合理且适合学生的教学计划，让学生在“最近发展区”获得最大可能的发展。

二、树立平等双向的交流观

传统的思想政治理论课程的教学主要采用的是教师单向的教学模式，在教学中教师负责讲，学生负责听。这种教学关系忽视了师生双方生命内在的情感需求，压抑了师生双方的生命活力，使教学成为枯燥的活动。生命化教学强调师生之间的交往互动，这就要求在思想政治理论课程的教学中，师生以平等的身份参与到教学活动之中，双方进行理性的对话沟通，民主地参与教学问题的研讨和教学活动，在交流中去理解知识，使机械的知识在师生的交往中显现出智慧，使师生的生命在交往中碰撞出新的意义，使教学过程成为心灵的对接、意见的交换、思想的碰撞、合作的探讨，实现知识的共同拥有与个性全面发展的有效过程，让对话在思想政治理论课堂中自由飞扬。

首先，要营造平等和谐的教学氛围。在教学中教师要以一种参与者、引导者的姿态进入教学，而不是把自己看作是教学活动的领导者，不要给学生一种居高临下的感觉，要尽力塑造一种能倾听学生、能与学生进行交流沟通的朋友形象。这样，学生在教学中才能消除对教师的畏惧心理，打消其参与教学活动是时心理产生的种种顾虑。在教学中教师要给学生参与的时间和空间，抛开教学中的条条框框，尊重学生创造性的发言和有个性的表达方式，而不是用统一的标准去限定学生。当学生在交流中有错误时，教师也不应该批评，而是鼓励，这样才能提高学生参与教学活动的积极性。在平等的教学环境下，教师与学生才能真正地实现交流。

其次，教师要提供交流的途径。交流是一个未完成的动态过程，教师只有给予学生充分的机会才能实现教师与学生、学生与学生之间的双向交流。这就要求在教学中教师不能一味地采取灌输式的教学方法，而是要注重教学的动态生成。让学生在自主学习中发现问题，在小组合作的学生之间的交往中去探究问题，在教师与学生的交往中一起去解决问题。在教学中，教师只有采取多种教学形式，才能化学生的被动接受为与老师之间的主动交流沟通，学生才能获得沟通的机会和可能。教学并不仅仅包括课内活动，思想政治理论课程的教师要实现学生的知行统一，必须注重对课外活动的教学，加强实践环节。教师可以组织一些课外活动教学，实现教师与学生之间的课内课外的多重交流，在课外的实践活动中对学生进行指导，去了解学生的思想情况，与学生进行沟通与互动，避免课后教师和学生之间的零沟通、零互动，形成课内课外师生之间都有良好交往的师生关系。

三、树立相互学习的合作观

生命化教学是关注生命、尊重生命的教学。在教学中教的主体和学的主体之间相互通融与合作以达共同进步的目的，实现师生关系从传统的互为手段到互为目的转化，教师与学生、学生与学生之间的相互合作中生成出生命的意义。教师与学生、学生与学生之间的相互合作是高校思想政治理论课程的教学活动中主要的构成部分，教师与学生、学生与学生之间的良性合作与互动是活跃课堂氛围的重要因素。合作教学即是要使教师的主导作用和学生的自主性的发挥能够达到和谐统一的局面，让学生在教师的指导下、借助教师的先知来构建对知识的理解，获得学习的成功。在思想政治理论课程的教学活动中，教师所拥有知识素养、能力素养、人格素养与学生所拥有的探究能力、创造能力相互交融，学生与学生之间的个性差异相互激荡，使以合作为纽带的课堂充满了生命的活力，在这种相互的合作之中教师与学生的生命也得到了发展。因此，生命化的高校思想政治理论课程的教学必须是以合作作为纽带的。

高校思想政治理论课程的教学中相互学习合作观的确立不仅在于使学生能够动态地获得知识，更在于学生在积极互动的团队关系中学会合作、学会团结，让学生在合作学习中获得心理和认知的发展，在合作型的师生关系中跳出以谁为“中心”

的怪圈，师生在教学活动中互为主体、相互敞开，彼此的生命在相互的交融之中得以腾飞和升华。① 相互合作学习是提高学生课堂学习效率、培养学生合作性学习的一种方式，也是教师提高思想政治理论课程的教学效率的一种有效途径。教师要善于精心选择合作学习的内容，精心设计讨论问题，要深入到小组中去，了解他们合作的效果、讨论的焦点、思考的疑难点。同时在讨论方式、讨论思路方面给予学生恰当的指导。对于有困难的学生，教师要进行个别辅导。在组际交流中，教师要鼓励各组的学生积极发表意见，引导学生讨论交流。

当今社会，既是竞争时代，又是合作时代，具备协作精神是现代社会化大生产的必然产物和客观要求，在教学过程中，教师应善于创设环境，让学生学会合作学习，使学生学会与他人协作。在相互合作学习过程中，要发挥学生自主合作学习的优势：

（一）需要在小组合作中确立互帮互学的团队意识

合作小组人员应有各个层次学生的人员参与。这样能够避免学生由于同学之间相互吸引团结一致形成合力；能够取长补短达到相互补充共同提高；能够形成气氛融洽情感和谐的学习氛围；能够相互激励、共同奋斗形成高昂的学习热情；能够互传交流知识信息，扩大彼此的知识面。

---

① 李念．思想政治课生命化教学研究［D］．武汉：华中师范大学硕士学位论文，2017.

（二）要明确合作交流的程序方法

要让学生明确合作的目的，学会大胆发言，清晰表达，学会仔细听各种意见，学会坚持自己正确的看法和勇于修正自己与他人的错误意见。教师集体指引，出示合作提示，围绕合作提示，充分独立思考，小组讨论交流，突出发现规律，小组代表汇报，统一共识。教师在布置完任务后，需穿梭于各小组之间，进行旁听（观）、指导、帮助或纠正，这样有利于学生顺利完成教师布置的任务，有利于师生间的有效沟通，有利于学生间的彼此了解，有利于学生相互帮助、相互支持、相互鼓励，从而促成他们亲密融洽的人际关系的建立，进而培养合作能力和团队精神。

总而言之，“相互合作的学习观”是一种有效而又十分可行的新的学习方式，在培养学生间的情感交流、互相带动、共同提高，发挥学生学习的主动性方面起着积极的作用。只有正确运用，合理调控，老师与学生之间，学生与学生之间的竞争意识、团队精神、共事能力、交往艺术等现代人的合作品质才能得到长足的展示和提升。

第二节　促进生命完整的教学目的

受科学理性主义和应试教育制度的影响，我国的教学过程曾表现出机械化的状态，教学过程仅为知识的传输带，教师被设定为无所不知的形象，而学生则是接受知识的容器。这样的教学过程不仅给教师带来了极大的职业压力以外，也束缚了学生生命的创造和学生自主性的发挥。传统的思想政治理论课程的教学关注的是知识、原理的背诵及考试的成绩，而忽视在其学科教学功能背后更重要的德育功能，学生个体在教学中知识得到了增长，但是生命内涵的丰盈和发展却被搁置。高校思想政治理论课程的生命化教学是对教师与学生生命的唤醒，教师与学生以整体的生命投入教学活动之中，教学就应该促进学生的全面的发展。正如狄尔泰所说，“人是整体的人，是有意志、有情感、有想象的存在物”。[①] 因此，高校思想政治理论课程的教学目的要关注学生的存在，关注生命的发展，制定促进学生生命完整的教学目标。

一、教学目标的完整性

一个完整的教学目标可以分为三个部分：一是课程目标；二是课堂教学目标；三是教育成才目标，这也是教学的最终目标。教学目标是关于教学将使学生发生何种变化的明确表述，是指在教学活动中所期待得到的学生的学习效果。在教学过程中，教学目标起着十分重要的作用。教学活动以教学目标为导向，且始终围绕实现教学目标而进行。教学目标是依据课程目标设计的，课程目标应贯穿和体现于教学目标之中，因此教学目标的内容范围与课程目标应该是一致的，具体可分为三个维

① 冯建军．生命化教学［M］．北京：教育科学出版社，2004．

度：知识与技能、过程与方法、情感态度与价值观。知识与技能目标是过程与方法目标、情感态度与价值观目标的基础。过程与方法目标是实现知识与技能目标的载体，情感态度与价值观目标对其他目标有重要的促进和优化作用。

思想政治理论课程的教学目标分“知识与能力”“过程与方法”“情感态度与价值观”三个维度，这三个不同的维度都统一于促进学生全面发展的目标之中，都指向教师与学生生命素质、生命质量和生命境界的超越与升华。在教学中，教师与学生要打破传统知识本位的教学观念，实施生命化的思想政治理论课程的教学，教师就要重新认识和审视这三者之间的关系与地位。生命化教学并不是排斥知识，而是将知识作为基础目标，教师通过对知识的传授和练习，为学生的全面发展打下认知的基础。而过程与方法则强调学生在教学活动中充分发挥自我的主观能动性，成为学习的主人，主动探究，避免死记硬背、机械训练。情感态度价值观的培养则是高校思想政治理论课程教学的根本和核心所在，这关乎学生生命的成长和学生人格的塑造。生命化教学是倾注对学生关爱、包容，对教师尊重、理解的教学过程，使教师与学生在教学过程中将生命得以发展，得以完善。在教学活动中，知识的授受成为学生接近生命本真、感悟生命智慧的阶梯。

在思想政治理论课程的教学中教师要对目标有一个合理的定位，让学生在教学目标的指导下成为一个有内在道德支撑的知识人。在讲授教学内容时，教师要对教学目标进行分析：一是知识目标，要求学生理解、掌握和运用事物发展是前进性和曲折性的统一，是量变和质变的统一。二是能力目标，通过对题框知识的学习，培养和锻炼学生获取和解读信息的能力、调动和运用知识的能力、描述和阐述事物、现象的能力、论证和探讨问题的能力。三是情感态度和价值观目标，通过对题框的学习让学生在思想和行为上都能为促进自己的发展做好准备。在思想上，学生能用积极乐观的心态面对自己所遇到的困难和挫折，拥有向上的人生态度。在行为上，学生不能好高骛远，要将自己的理想融入在脚踏实地的每一天里，这样才能抓住机遇。总而言之，教师对教学目标的设定其最终要落在让学生在教学过程中学会的是积极的心态，在实际中能够注重平时的积累以获得最后的成功。让学生在学习中获得生命情感的体悟。

二、教学目标的弹性预设

弹性预设是指教学方案为体现学生主体而预备充分的空间，为鼓励动态生成保留足够的余地。弹性预设指明教学达成的大方向，又显示高度的灵活性。我们预设教学目标，但只是基本的目标，预设目标可以在教学中修正；我们预设教学重点，但只是基本重点，预设重点可以在生成中调整；我们预设教学流程，但也只是基本流程，预设流程可以在实施中变化。可以修正、调整、变化的预设是弹性的预设，只有这种弹性的预设才能促进生成，也只有这种生成才是朴素的、真实的、生动的，因而也才是有效的生成。

我国现阶段的教学目标整体上呈现出精确化的倾向。由于处于时间的长河中人的情感、需求、兴趣并不是一成不变的，所以教学目的趋于精确化必然会导致教学内容单一枯燥，抑制教师与学生生命的创造。生命化教学指向师生生命发展的教学，而生命却处在不断地发展的过程中，这一切都充满着不确定性，这就势必要求教学的目标具有弹性。弹性预设的教学目标与传统教学目标不同，在教授课程前只设定总体的基本目标，为教学提供一个大致的框架，在教学过程中注意在教师与学生、学生与学生的交往过程中撞发出的新的教学生长点，使教学成为一门艺术而不是技术。

教学是教师与学生的交往、积极互动、共同发展的过程，教学过程不只是忠实地执行课程计划（方案）的过程，而是教师与学生之间共同开发课程、丰富课程的过程，教学过程是一种动态的、发展的、富有个性化的创造过程。这就要求教师根据变化的情况善于重组课堂教学中从学生那里涌现出的各种各样的信息，及时地将学生在实际学习状态中的困惑、疑问和需要整合形成新的，又具有连续兴奋点和教学生长点，推进教学进程在具体情境中的动态生成。

曾经教学理论把教学过程当作一种基本认识的过程，并没有对教学活动获得一个透彻的认识。如对学生的活动因素缺乏深入的分析，在教学中，主要关心教师如何教，对学生如何学则少有论及，认为课堂教学过程中仅仅存在教师把知识传给学生的单向的信息与知识流通。叶澜指出：“一个真正关注人的发展的教学设计，会为师生在教学过程中发挥创造性提供条件；会关注学生的个体差异（不仅是认知的）和为每个学生提供主动积极的活动保证；会促使课堂中多向、多种类型信息交流的产生和对及时反馈提出要求。”这种促进教学生成的弹性教学设计就是真正关注学生的发展的教学设计。

作为思想政治理论课程的教师，要特别关注学生的疑点和难点，根据教学中学生的表现再去制定具体的目标，让目标符合学生的思维方式和学生的实际。思想政治理论课程必须加强对学生思想政治方向的引导与学生成长的特点相结合。教学目标的设定应该是能够促进学生发展的弹性预设。这种弹性预设主要是针对学生思想政治的培养与提高，在实际教学过程中，要根据大学生特有的心理、情感在教学中去生成新的教学目标。生成新的教学目标不仅使学生的需要得到尊重和满足，而且也给了教师更多的创造空间，促进教师与学生的生命和谐完整地发展。

第三节　体现生命关怀的教学内容

生命化教学是21世纪教学改革进程中凸显出的重要价值取向，它不仅应当在中小学的思想政治课堂教学中体现出来，而且在高校思想政治理论课程的教学中贯彻这一教育理念具有更为重要的紧迫性和必要性。思想政治理论课程的教学必须以学生的生命发展为基础，通过对生活世界的关注，还给学生自由学习、自主探究、精神愉悦的权利，在教学过程中，让学生的情感得以体验、人格得以提升、个性得以张扬，生命活力得以焕发、生命价值得以提升。思想政治理论课程的生命化教学是以生命的发展作为其根本的目标，教学内容承载着教学目标的内涵，所以思想政治课程的教学内容的选取应该以人为核心，体现对学生生命的关怀和重视，为此，思想政治理论课程的教学内容的选取应该注重其生活化和人文性。

一、选取生活化的教学内容

杜威在《民主主义与教育》中明确指出："教育是生活的需要。"陶行知强调："生活教育是给生活以教育，用生活来教育，为生活的向前向上的需要而教育。"传统教学以知识的传递为主，多采用理论的说教，教学停留在"知"的层面，而失去了其内在的灵魂，即对学生生命的关注。因此，在教学内容的选择上要贴近生活、贴近实际，实现教学内容的整合，在教育中生活，在生活中教育。从这个意义上说，课堂也是一种生活，是教师和学生共同拥有的生活空间。思想政治理论教育必须融入学生的生活，既没有纯道德的教育，也没有生活在真空中的学生，生活是思想政治教育的土壤。只有将思想政治理论课程的教学立足于学生的生活世界，让学生把所学的知识能在以学生为主体的生活世界中找到依托，才能实现思想政治理论课程的教学目的，丰富和鲜活学生的生命。

构建主义学习理论强调创设真实情境，把创设真实情境看作是"意义构建"的必要前提，并作为教学设计的最重要内容之一。思想政治理论课程的目的要让学生感悟生活的真理，如果学生认为老师选的教学内容不真实，在生活中是不可能发生的或发生的可能性很少，缺乏一定的典型性，那么对这个教学内容中所蕴含的观点学生就不会接受，达不到思想政治理论课程的教学目的。最好的教学内容选择发生在学生身边的人与事，问题来源于学生的生活，解决学生成长中的问题，并且带有典型性。只有这样，学生的体验才会深刻，观点才能内化，觉悟才能提高。

思想政治课理论课程的教学内容的生活化不是从生活中去教学，而是使教学生活化，学生基于对现实生活的体验和思考，将教学内容和生活进行融合，使知识成为工具，使人成为人格完善的情感人。一是教学生活化要使教学的内容反映生活。思想政治理论课程具有很强的时代性，这就要求教师能够将社会中的新理论、新问题、新方法及时的归纳到思想政治理论课程的教学中来，使之符合时代的变化和需求，让现实生活成为思想政治理论课程的教学内容的重要来源。二是教学要筛选贴近生活，学生喜闻乐见且易于理解的典型案例。思想政治理论课程的教学离不开案例的佐证，但是在案例的选择上往往会出现时效性差、缺乏吸引力等问题，使学生难以产生情感上的共鸣。因此，要选取来自现实社会与学生息息相关的教学案例，这样才能使学生真正理解教学内容，做到知行统一。

二、凸显人文关怀的教学内容

思想政治理论课程是一门“以人为中心”的课程，关注人的成长和发展，这就决定了思想政治理论课程必须要以人为本，在教学中不仅要注重知识的习得，更要培养学生的人文情怀，体现对学生的人文关注。何为人文关怀？人文关怀是指尊重人的主体地位和个性差异，关心人丰富多样的个体需求，激发人的主动性、积极性、创造性，促进人的自由全面发展。从思想政治教育的角度来理解，人文关怀是肯定和塑造学生全面自由发展的理想人格。这就要求在思想政治理论课程的教学中满足教师与学生的需求，肯定教师与学生的尊严和价值。

在传统思想政治理论课程的教学过程中，忽视了人的存在，将思想政治理论课程看作是高分的辅助。在这种情况下，思想政治理论课程成了一种外在于师生内在需求的知识性学科，没有发挥其对学生德育的教化功能，失去了其引导人、服务人的功能。因此，思想政治理论课程的生命化教学迫切追求教学内容的人文价值，体现对人的生命关怀。思想政治理论课程作为一门德育课程，其本身就蕴藏着丰富的人文价值。教师要摆脱知识对教学的束缚，充分挖掘教材内容的人文性，在教学过程中，把思想政治理论课程干枯的原理推至于学生的生活，在生活世界中去显现教学内容对自然、对个人、对社会的关注，以此唤醒学生的主体意识，认识到生命的价值。

由于学生个体发展存在差异，教师在教学内容的选择上不是用理论去机械灌输给学生，而是尽量满足学生的心理需求，贴近学生的生活，让学生在教学中获得感悟与鼓励，体现教学内容对学生的人文关怀。在思想政治理论课程的教学过程中，教师应该将知识看作是基础，通过挖掘知识背后的智慧，将知识进一步升华，使得整堂课体现出教学内容自身所蕴含的人文价值，通过课堂培养学生关爱生命、尊重生命的人文情怀，进一步完善学生的人格。

新的课程改革强调“学生全面主动的发展”和“终身发展”，并设置了“知识与能力、过程与方法、情感态度与价值观”的三维目标，浓厚的人文精神气息弥漫其中，这是人文精神的回归和重新定位。人文精神的主旨是对人类生存的意义和价值的关怀，是把“人”视为终极关怀的目标，主要包括情感体验、生命追求、理论阐释、价值观念和实践准则等方面。总而言之，人文精神就是尊重并关爱人的生命价值。因而，教学内容一定要成为凸显人文关怀，渗透着爱心与真情，洋溢着开放与民主，跳跃着生活与创新的生命经历，就一定要成为学生关爱生命、发展生命、完善生命、超越生命的绿洲，成为促进学生与自我、他人、社会、自然和谐相处的、全面发展的生命课堂。

第四节　走向交往与体验的教学手段

教学是多元主体共同参与、协作完成的活动。要实现多元主体的共同进步和发展，就要实现主体之间的对接和交融，使教学成为主体共同参与、共同创设的活动。主体生命在相互的交往中得到发展，在体验中深化生命的创造。教学手段的交往与体验正是促进生命发展的实践途径。

一、交往互动，启动生命的活力

教学作为一种实践活动，是教师和学生通过课程中介而构成的一种交往关系。通过课堂有效“交往互动”，不仅可以获得教师与学生之间、学生与学生之间动态的信息交流，实现师生合作交往，相互影响，相互补充，达成共识、共享与共进，体现教学的真谛。而且能使学生形成正确的积极主动的学习动机和较高水平的学习能力，能够有意识地不断反省、更新自己的学习状态。通过长期的教学实践，大家深刻体会到：课堂教学如果能坚持有效的“交往互动”，那么，必将给课堂带来勃勃生机，使课堂自始至终能充满生命活力。

所谓交往互动教学，是指教师和学生在具体的教学情境之中，教师与学生通过对话将彼此的观点与想法进行交流，使双方能在情感上相互的理解和沟通，以达到相互影响、和谐共生的状态。交往互动教学是相对于传统的“孤立式”的教学而言的。在孤立式的教学课堂上，教师是教学活动的主角，教师掌握着绝对的话语权和统治权，学生依附于教师的这种权威之下被动的学习，学生的言语、行为的表达都是在教师许可的权利之外，在这种单向的教学活动之中学生失去了天性与好奇。交往互动的教学是建立在师生平等、民主的人际关系之上，师生之间“对话式”的教学实现了教师、学生、文本等多个主体间的平等对话，同时主体在学习中对知识的主动构建也实现了其自由且富有个性的发展。

依据课堂“交往互动”模式设计的教学活动，能从根本上给予每个学生提供探究学习与合作学习的空间和舞台。让学生在充满挑战、充满艰辛、充满乐趣的探索之中，在教师与学生、学生与学生之间的信息与信息、思维与思维、智慧与智慧、灵魂与灵魂的碰撞中，促进学生通过与环境的互动去构建个人意义的学习；促进学生关注审视问题的多重视角去关注解决问题的动机与能力；促使学生通过个体智慧与集体智慧的互动去生成新知并不断创新；促使学生习得更贴近自己学习生活的途径和方法去探索和体验学习的快乐。只有这样，我们的思想政治理论课堂才能永驻生命的活力。

思想政治理论课堂所面对的对象是一群有自己想法和个性的大学生，他们已经开始用成人的思维去判断事物，再加上思想政治理论课程处在复杂的社会大环境之中，单纯地依靠教师自己的“表演”去让学生信服书上所写的内容，已经不能达到高校思想政治理论课程的教学目的。作为思想政治理论课程的教师，首先，应该提高自己的沟通技巧，结合自身所拥有的知识和学生的现实状况，在与学生交流之中找到结合点和再生点，在与学生的沟通之中，双方对文本的生命进行解读与交流，使文本成为交流的中介。这样文本才能在教师与学生的生命中烙下印记，学生才能产生对思想政治理论课程的认同。其次，教师要创设平等的教学环境，使学生在教学中敢于表达自己的观点。“交往互动”教学不仅只是单纯的知识传递，而且在师生的这种相互交流之中可以生成新的知识。因此，教师在教学中要以平等的身份参与课堂，让学生成为教学中另一端的主角，双方得以相互融合，共同进步。

二、创设情境，深化生命的体验

生命具有双重属性，“在社会存在中获得生命的意义感和绽放生命活力的愉悦感”。[①] 生命只有在体验中才能得以激发其活力，才能得到自在的生长。同样，以生命的发展作为目的的教学则倡导体验式的教学。体验教学是主体以自己在生活世界中所积累的经验为基础，与教学内容相融合，将主体感性的、零碎的知识系统化、理性化。高校思想政治理论课程有很多比较枯燥的理论，单凭教师的教授和传输很难以被学生所接受，教师应该将这些理论与学生对生活世界的体验相融合，将高于学生生活却又来源于生活的理论在学生的体验中不断地转化为学生自己的认知，使学生的生命在体验中获得自由和解放。

思想政治理论课程的教师要在教学中创设特定的情景，让学生在情境的体验中亲自感悟，获得启示。这样才能使思想政治理论课程的教学拓展到情感态度、价值观的领域，完成思想政治理论课程的教学目的。创设情境即要通过情景的调动使学生情感上和思想上受到触动和感化。首先，教学情境的创设要根据教学目标，通过语言描绘、实物演示、场景表演等形成生动形象的教学情境，使学生融于教学情境，用自己的情感、经历来体验课堂。然后，教师要引导学生投入教学活动之中，在

---

① 艾诗根. 生命化课堂教学：生成、特征和意义［J］. 江西教育科研，2007（09）.

情境中完成对知识的认知和理解过程，并能和自己的体验融为一体。最后，教师要进行启发与总结，实现科学知识和情感道德的内化，并使学生获得认识转化为指导其行动的准则。

思想政治理论课程的教师必须转变思路，使知识从抽象的理性世界回归到具体而丰富的生活世界。教师在教学设计时，要打破书本与生活之间的界限，寻找到二者的契合点和生成点。精心选择学生在有关知识点方面已经拥有的日常生活经验，并寻找可以作为教学铺垫的社会生活经验，思考让学生从事哪些实践活动可以强化对知识的掌握。同时，思想政治理论课程的教师要让生活走入课堂，也应让课堂走进生活，做真正的实践者。教师既可以在课堂上，高效利用多媒体去创设情境，拓宽学生的知识面，激发课堂活力，增强学生情感体验，增强思想政治理论课程的说服力，构建感知、情感、意志融合的高质量学习环境。教师也应该拓展体验空间，引领学生走出课堂，走进社会，亲近自然，接受生活的淬炼，吸取生活的真知。因为，生命的内涵在于生活，生活的要义在于实践，知、情、意要得到巩固和深化，关键在于实践。通过让学生真实的感受生活、体验生命的社会属性，以生命的视界审视人与自身、人与他人、人与社会、人与自然的关系，发现生活的真谛，感悟生活之美。

第五节　完善生命发展的教学评价

教育的对象是人，是一个个具体的鲜活的生命。生命的一般特征主要包括生命的整体性、生命的自主性、生命的超越性以及生命的独特性。教育最终的神圣使命就是化育人的生命[①]。传统的课堂教学是一种知识中心主义的课堂教学，未达到生命的真义，阻碍了生命的完善和发展。所以在课堂教学的改革中，我们应从完善生命发展的高度对教学评价进行重构。

一、高校思想政治理论课程教学评价的基本追求

生命本来就是一个不断完善和发展的过程，课堂教学评价也决不应该用静态的眼光、单一的标准来衡量学生的学习效果。传统应试教育下的教学评价，主要侧重于对学生掌握知识和技能的情况进行检查，侧重于对学生进行选拔和甄别，这一评价的标准就是考试的分数。学生的“好坏”取决于学生的学习成绩分数的高低，而学生的其他方面却关注得甚少。这一评价标准给学生带来了学习负担，使学生感觉不到生活的真谛。这种重结果不重过程的教学评价标准未能关注学生整个成

① 张瑜，刘芳．生命视野中课堂教学之重构［J］．当代教育论坛：校长教育研究，2007（8）．

长和发展的过程，教育应该追求其本真意义——教育是培养人的活动。

我们应该制定科学合理的课堂教学评价标准，树立“以人为本”的评价理念，以动态的发展眼光来评价每一个学生，综合的评价学生的学习效果，以促进学生综合素质的提高、创新精神和实践能力的发展和情感态度价值观的养成。同时还应该尊重个体差异，注重对个体发展独特性的认可，给予积极评价，发挥学生多方面的潜能，帮助学生悦纳自己，拥有自信。真正做到“一切为了学生，为了一切的学生，为了学生的一切”。

思想政治理论课程的教学评价是为了促进学生身心发展，肯定学生的优点，指正其不足之处，让学生在评价中收获尊重，促进其富有个性且全面的发展。通过教学评价给学生思想政治理论课程的学习和思想素质的养成予以宏观和微观的指导，即要在大方向使学生明白思想政治理论课程的学习目的，使学生有明确的努力方向，在小目标上，通过教学评价使学生了解自己的学习状况和思想素质情况，以便学生能及时做出调整，不断发展和完善自己，逐步实现不同层次的发展目标。思想政治理论课程的教学评价应立足于学生的现在，面向学生的未来，使教学评价发挥其促进师生发展的一面。因此，教学评价应该打破传统单一化和标准化的倾向，在教学评价中尊重差异、尊重个性，建立“立足过程，促进发展”的教学评价体系。在教学评价时要实现教学评价的基本追求，构建具有思想政治理论课程特色的教学评价体系。思想政治理论课程教学评价的基本追求，主要包括以下四个方面：

第一，肯定生命个性的评价目的。思想政治理论课程的教学知识只是方式，对其情感、态度价值观的养成才是其落脚点，教学评价不仅要关注知识的习得，更要通过评价发现问题，发现个性，发现闪光点，实现教学目的，促进人的发展。

第二，促进生命完整的评价指标。多元化的评价指标使教学从过分关注学业成绩转向对学生全方位、多角度的考评，促进学生富有个性的全面发展。

第三，完善生命发展的评价方式。终结性评价和形成性评价相结合，实现评价的过程性。教学评价所面对的是处在发展过程中的人，不能用停滞的眼光看待学生，要在发展中注意到学生的进步，使评价落实到教学的每一环节、每一个细节。

第四，体现生命多维的评价主体。即要实现评价主体的多元化，使学生参与到评价活动中来，让学生的主体性得到发挥。同时，多元主体的教学评价也打破了教学评价片面化、绝对化的弊端，使评价成为一个多边参与的活动。

二、构建高校思想政治理论课程生命化的教学评价体系

教学评价是对教学的综合评价，是对教学价值的判断，要建立一定的准则规范教学，保证评判的客观公正。教学评价的作用是检查教学成效，从中看出问题，总结反思，为之后的教学提供反馈信息，调节教学方向。教学评价要面对一个个有独立思想的人，对他们做出一定程度的评估是一件很困难的事，所以要认真对待评价工作，建立完整精确的评价系统。

教学评价要进行综合考量，围绕教学从不同维度观察，建立起符合教学的有价值的评价体系。参与教学的因素有很多，直接参与者就有教师和学生，只对学生评价是不全面的，学生成绩不好的原因是多方面的，用分数看待学生会打击学生自身发展。思想政治理论作为一门特殊性质的课程，学科任务繁多，教学成效的评定应该从多方向出发，制定全方位的标准，不能只鉴定学生的学业成绩，要制定出符合思想政治理论课程发展的评价体系。因此，学校要树立现代教育评价理念，既评价教师又评价学生，教师也不是全方面一定都精通的，通过对教师的评价，让教师也发现自己的问题，从而改进教学，这是至关重要的。教师是教学的设计者，如果没人评价他们，有错也不知道，这将会是严重的教学问题，不利于教师自身的进步。同时，评价学生也应该从多方面考核，每个学生都有自身独有的特点，只是有的被发现，有的还在发现中，要用发展的眼光看学生。评价学生应该基于他的过去、关注现在、着眼于未来，看重学生学习过程中的表现，而不是只重视结果，使评价更加民主和人性，促进学生更好地学习。间接参与者也要参与评价，建立学生、教师、家长、学校等共同参与、交互作用的评价制度，多渠道反馈信息，促进被评人员的发展。

在对学生的学业评价上，思想政治理论课程要构建过程性与总结性相结合的评价方案。学生的发展是一个长期的过程，因此教学评价应该是贯穿于学生的学习过程，通过教学评价，使学生认识到情感态度价值观的养成对于思想政治理论课程学习的重要性，让学生通过思想政治理论课程的学习培植自己的社会主义情感，养成良好的思想道德素质。为了更好地对思想政治理论课程的教学效果进行评价，建议将教学中的过程性评价与终结性评价结合起来，构建思想政治理论课程对学生学业的评价体系。（见表 1）

按照学生最后的成绩将学生的成绩分为 A、B、C 三个档次，60 分以下为 C 档，60～80 为 B 档，80～100 为 A 档。

例如，同学甲：在期末段终结性评价中政治科目的考试分数为 76 分。在过程性的评价中，在四项评价中他的总得分为 83 分，再加上在课堂表现的评价上他上课积极发言，善于思考加上 2 分；在探究性学习中他学习能力强，成为小组研究的主带头人加 2 分，最后他的过程性评价的分数为 87 分。最后甲同学总分 76＊50％＋87＊50％＝81.5 分，属于 A 等。如果按照传统的评价方式甲同学只能算作 B 等，从 B 等到 A 等的跨越，会让同学们认识到学习过程的重要性，使他们注重学习的质量，在过程中实现自己的超越和进步。这种发展性教学评价体系的建立，把学生的日常表现、学习能力等纳入考核范围内，实现了知识与能力、过程与方法、情感态度与价值观的融合，将教师的评价、学生互评、学生自评相结合，使学生的自主性得到了充分的发挥，在评价中体现了对学生个性的尊重和包容，使学生在评价中得到鼓励，并不断地实现自我的超越，实现生命的发展。

表 1　学生学业成绩评分表

姓名：　　　　班级：　　　　总分：

<table>
<tr><th>评价标准</th><th colspan="2">评价项目</th><th>加分</th><th>减分</th></tr>
<tr><td rowspan="13">过程性
评价
（100）</td><td rowspan="3">常规表现
（30）</td><td>出勤守时（5）</td><td rowspan="3">作业一贯认真（+2）
认真预习复习（+2）
主动学习反思（+3）</td><td rowspan="3">无故迟到或早退（−0.5/次）
作业迟交（−0.5/次）
不写作业（−1/次）
抄袭作业（−2/次）
作业书写不认真（−0.5/次）
作业错误不订正（−0.5/次）
批评后不反思（−0.5/次）</td></tr>
<tr><td>作业提交（20）</td></tr>
<tr><td>学习反思（5）</td></tr>
<tr><td rowspan="4">课堂表现
（30）</td><td>听课纪律（10）</td><td rowspan="4">听讲认真思维活跃（+1）
积极发言（+2）
课堂笔记优秀（+1）
基础应答正确（+1）</td><td rowspan="4">课前准备不充分（−0.5/次）
上课注意力不集中（−0.5/次）
随便讲话干扰他人（−0.5/次）
无视课堂讨论（−2/次）
无课堂笔记（−0.5/次）</td></tr>
<tr><td>踊跃发言（5）</td></tr>
<tr><td>合作探究（10）</td></tr>
<tr><td>课堂笔记（5）</td></tr>
<tr><td rowspan="2">考查测验
（20）</td><td>课堂练习（10）</td><td rowspan="2"></td><td rowspan="2"></td></tr>
<tr><td>随堂测试（10）</td></tr>
<tr><td rowspan="4">探究性学习
（20）</td><td>承担任务（5）</td><td rowspan="4">研究性学习能力强（+2）
学习报告完整规范（+2）</td><td rowspan="4">不积极参加探究性学习（−0.5/次）
不认真完成学习（−3/次）</td></tr>
<tr><td>过程设计（5）</td></tr>
<tr><td>合作交流（5）</td></tr>
<tr><td>实际整合（5）</td></tr>
<tr><td>终结性
评价（100）</td><td colspan="4"></td></tr>
</table>

参考文献

一、著作

[1] 马克思，恩格斯. 马克思恩格斯选集［M］. 北京：人民出版社，1972.

[2] 马克思. 1844 年经济学哲学手稿［M］. 北京：人民出版社，2000.

[3] 张岱年. 中国哲学大纲［M］. 北京：中国社会科学出版社，1982.

[4] 香山健一，刘晓民. 为了自由的教育改革从划：主义到多样化的选择［M］. 北京：高等教育出版社，1990.

[5] 马克思，恩格斯. 马克思恩格斯全集第 19 卷［M］. 北京：人民出版社，1994.

[6] 陈嘉映. 海德格尔哲学概论［M］. 北京：三联书店，1995.

[7] 中共中央马恩列斯著作编译局. 马克思恩格斯选集

[M]. 北京：人民出版社，1995.

[8] 冯友兰. 冯友兰学术文化随笔 [M]. 北京：中国青年出版社，1996.

[9] 高清海. 人的类生命与类哲学：走向未来的当代哲学精神 [M]. 长春：吉林人民出版社，1998.

[10] 马斯洛. 动机与人格 [M]. 许金声等译. 北京：华夏出版社，1999.

[11] 戴维·梅林著，喻阳译. 理解柏拉图 [M]. 沈阳：辽宁教育出版社，2000.

[12] 夏正江. 教育理论哲学基础的反思：关于“人”的问题 [M]. 上海：上海教育出版社，2001.

[13] 伊曼努尔·康德. 道德形而上学原理 [M]. 苗力田译. 上海：人民出版社，2002.

[14] 叶澜. 教育理论与学校实践 [M]. 北京：高等教育出版社，2000.

[15] 冯建军. 生命与教育 [M]. 北京：科学教育出版社，2004.

[16] 张文质. 生命化教育的责任与梦想 [M]. 上海：华东师范大学出版社，2006.

[17] 段德智. 西方死亡哲学 [M]. 北京：北京大学出版社，2006.

[18] 薛可，余明阳. 人际传播学 [M]. 上海：同济大学出版社，2007.

[19] 左玉霞. 生命价值教育 [M]. 北京：同心出版

社，2009.

[20] 教育部. 国家中长期教育改革和发展规划纲要(2010—2020 年) [M]. 北京：中国法制出版社，2010.

[21] 叶华松. 大学生生命教育 [M]. 杭州：浙江大学出版社，2011.

[22] 韩小谦. 在生命的感悟中启迪思考：高校思想政治理论课改革的难点与突破 [M]. 北京：中国社会科学出版社，2011.

[23] 李伟. 批判与重建：个体生命自觉与当代学校教育 [M]. 武汉：华中科技大学出版社，2013.

[24] 何仁富，汪丽华，李琼瑶. 思想政治教育与生命教育：《思想道德修养与法律基础》融入式生命教育的实践与研究 [M]. 北京：中国广播电视出版社，2014.

[25] 叶澜. 回归突破："生命 · 实践" 教育学论纲 [M]. 上海：华东师范大学出版社，2015.

[26] 康卫国. 高校生命教育论 [M]. 北京：光明日报出版社，2015.

[27] 习近平. 决胜全面建成小康社会 夺取新时代中国特色社会主义伟大胜利——在中国共产党第十九次全国代表大会上的报告 [M]. 北京：人民出版社，2017.

二、学术论文

[1] 刘铁芳. 生命情感与教育关怀 [J]. 高等师范教育研究，2000 (06).

[2] 陈佑清. 体验及其生成 [J]. 教育研究与实验, 2002 (02).

[3] 鲁洁. 南京师范大学：一本用生命打开的教育学 [J]. 南京师大学报（社会科学版），2002 (04).

[4] 冯建军. 生命教育的内涵与实施[J]. 思想·理论·教育，2006 (01).

[5] 徐春林，黄艳红. 生命哲学与生命教育 [J]. 思想理论教育，2007 (02).

[6] 徐曼. 关于在“思想道德修养与法律基础”课中加强大学生价值观教育的几点思考 [J]. 思想政治教育研究，2007 (05).

[7] 艾诗根. 生命化课堂教学：生成、特征和意义 [J]. 江西教育科研，2007 (09).

[8] 许海元，张艳红，付海玲. 大学生生命意识及生命价值取向实证研究 [J]. 高教探索，2009 (1).

[9] 张国民，孙洁，赵静. 大学生生命教育的主要内容刍议 [J]. 山西农业大学学报（社会科学版），2009 (06).

[10] 冯建军. 生命教育与生命统整 [J]. 教育理论与实践，2009 (08).

[11] 周波，徐学福. 试论课堂教学学生“生命在场”的要义及基本特征 [J]. 内蒙古师范大学学报，2008 (09).

[12] 叶华松. 生命哲学视野下的大学生生命教育研究 [J]. 中国高教研究，2011 (05).

[13] 彭舸珺. 大学生生命道德教育方法的创设及运用

[J]．西北师大学报（社会科学版），2011（06）．

[14] 张加明．高校思想政治理论课与大学生生命教育[J]．辽宁行政学院学报，2011（08）．

[15] 吴伟花．高校思想政治理论课融入生命教育的对策研究[J]．山西高等学校社会科学学报，2012（05）．

[16] 刘喜珍．基于大学生兴趣点的思想政治理论课实践教学研究[J]．文教资料，2011（21）．

[17] 邹瑄．基于“三贴近”原则的高职思想政治理论课教学研究——以江苏财经职业技术学院为例[J]．教育探索，2012（12）．

[18] 任晓伟．关于在高校思想政治理论课程中渗透生命价值教育的几点思考[J]．思想教育研究，2013（03）．

[19] 韦广雄．大学生思想政治教育特色课程建设刍议[J]．河池学院学报，2014（08）．

[20] 黄渊基．生命教育的缘起和演进[J]．求索，2014（08）．

[21] 宇文利．思想政治教育专业课程的规范化建设[J]．思想教育研究，2015（06）．

[22] 颜伟红．简析高校思想政治教育与生命教育契合的内容与方法[J]．中小企业管理与科技（上旬刊），2016（07）．

[23] 黄艳．生命教育融入高校思想政治理论课的途径探究[J]．林区教学，2017（04）．

[24] 柴艳萍．高校思政课教学方式方法改革再思考

[J]. 思想理论教育导刊，2017 (09).

[25] 金德楠. 加强思想政治教育学科建设与课程建设有机衔接 [J]. 思想政治教育研究，2018 (03).

[26] 叶澜，罗雯瑶，庞庆举. 中国文化传统与教育学中国话语体系的建设——叶澜教授专访 [J]. 苏州大学学报 (教育科学版)，2019 (03).

[27] 娄本东. 思想政治理论课实践教学的评价研究——以“马克思主义基本原理概论”为例 [J]. 教育理论与实践，2020 (04).

[28] 王爱莲，康秀云. 高校思想政治理论课内涵式发展的建设合力探析 [J]. 广西社会科学，2021 (04).

[29] 李亚美. 新时代高校思想政治教育课程体系的生成逻辑与制度保障 [J]. 学校党建与思想育，2021 (07).

[30] 江雪清. 有效教学课堂结构的内涵、价值与构建 [J]. 教学与管理，2021 (15).

三、学位论文

[1] 刘英. 思想政治教育与生命教育的契合 [D]. 长沙：湖南师范大学硕士学位论文，2006.

[2] 储昭奇. 思想政治理论课教学中的生命教育 [D]. 北京：首都师范大学硕士学位论文，2007.

[3] 戴世琴. 高校思想政治理论课渗透生命教育的对策研究 [D]. 南宁：广西民族大学硕士学位论文，2009.

[4] 康慧娟. 高校开展生命教育的重要意义及方法探究

[D]. 兰州：兰州理工大学硕士学位论文，2014.

[5] 尤红姣. 生命教育融入高校思想政治理论课研究[D]. 无锡：江南大学硕士学位论文，2016.

[6] 蒋少容. 当代大学生生命价值教育研究 [D]. 上海：上海大学硕士学位论文，2017.

[7] 李念. 思想政治课生命化教学研究 [D]. 武汉：华中师范大学硕士学位论文，2017.

四、报告

[1] 国家中长期教育改革和发展规划纲要工作小组办公室. 国家中长期教育改革和发展规划纲要（2010—2020 年）[R]. 北京：中华人民共和国教育部，2010.

五、报纸

[1] 吴晶，胡浩. 习近平主持召开学校思想政治理论课教师座谈会强调用“习近平新时代中国特色社会主义思想铸魂育人”贯彻党的教育方针落实立德树人根本任务 [N]. 人民日报，2019 - 03 - 19（01）.

六、网页

[1] 张烁. 习近平在全国高校思想政治工作会议上强调：把思想政治工作贯穿教育教学全过程 开创我国高等教育事业发展新局[EB/OL]. 党建. 中国共产党新闻网.（2016 - 12 - 09）[2021 - 09 - 12]. http://www. xinhuanet. com/politics/

2016－12/08/c_ 1120082577. htm.

［2］习近平：代表广大青年赢得广大青年依靠广大青年让广大青年敢于有梦勇于追梦勤于圆梦［EB/OL］. 党建. 中国共产党新闻网.（2018－07－03）［2021－09－15］. http：//dangjian. people. com. cn/n1/2018/0703/c117092－30106333. html.

后　记

教育不是把篮子装满，而是把灯点亮。教育给予学生最重要的不是知识，而是对知识的热情，对成长的信心，对生命的敬畏，对美好生活的向往。我们从事的教育事业，是“要用生命去教育生命，用生命去唤醒生命，用生命去沟通生命”。思想政治教育是在马克思主义理论指导下，对教育对象进行人文教育、思想教育、意识形态教育、心理素质教育的一种教育活动。“立德树人”是高校思想政治教育的根本任务，本质上是通过影响人的思想观念从而影响人的行为方式，用生命去引领生命，不断丰富生命内涵，不断提升学生的生命质量。

本书是在教育部人文社会科学课题“生命教育融入高校思想政治理论课程结构的理论与实践研究”的研究成果基础上撰写而成的，也是该课题的集中体现。该课题在获得立项批准后，得到了教育部社会科学司和湖南工业大学社会科学处的大力指导，得到了湖南工业大学财务处、马克思主义学院等有关部门及领导的高度重视和鼓励，并在研究经费、时间等诸多方面给予了鼎力协助和配合，才使得课题研究能够顺利、有效进行并得以圆满完成，自然而然促成了本书的出版。吴曙光、张婷婷、张美灵、吴钰、胡珺五位老师为本书的撰写查找了大量的资料，付出了辛勤劳动。在此，一并表示最诚挚的谢意！

在本书撰写过程中，参考了许多相关的研究成果的文献，书中未能一一列出，在此向原著作者深表歉意，并衷心感谢！由于学术水平和研究能力有限，书中难免或多或少地存在不足和纰漏，恳请学术界同行、专家和广大读者从学术探讨的角度提出中肯的批评、建议和指正！

作　者

2021 年 9 月

图书在版编目（CIP）数据

生命教育融入高校思想政治理论课程结构的理论与实践 / 李金桥著. -- 湘潭 : 湘潭大学出版社, 2021.10
ISBN 978-7-5687-0637-7

Ⅰ. ①生… Ⅱ. ①李… Ⅲ. ①高等学校－思想政治教育－教学－中国 Ⅳ. ①G641

中国版本图书馆 CIP 数据核字（2021）第 194348 号

生命教育融入高校思想政治理论课程结构的理论与实践

SHENGMING JIAOYU RONGRU GAOXIAO SIXIANG ZHENGZHI LILUN KECHENG JIEGOU DE LILUN YU SHIJIAN

李金桥 著

责任编辑： 张宝香　张蔚
封面设计： 李　平
出版发行： 湘潭大学出版社
社　　址： 湖南省湘潭大学工程训练大楼
电　　话： 0731-58298960 0731-58298966（传真）
邮　　编： 411105
网　　址： http://press.xtu.edu.cn/
印　　刷： 广东虎彩云印刷有限公司
经　　销： 湖南省新华书店
开　　本： 880 mm×1230 mm 1/16
印　　张： 7.75
字　　数： 168 千字
版　　次： 2021 年 10 月第 1 版
印　　次： 2021 年 10 月第 1 次印刷
书　　号： ISBN 978-7-5687-0637-7
定　　价： 38.00 元